Mix Genuss

Weihnachten

Unsere besten Rezepte für die Weihnachtszeit

Feine
Plätzchen
zum Vernaschen

Rezeptübersicht

70 STÜCK

Pro Stück:
81 kcal · 17 g KH
2 g EW · 9 g Fett

Walnussplätzchen

Zutaten

160 g	Walnusskerne
200 g	Butter, in Stücken
1	Ei
200 g	Zucker
1 EL	Amaretto*
1 Msp.	Kardamom
400 g	Mehl
1 Prise	Salz

Für die Verzierung:

5-6 EL	Aprikosenkonfitüre
3 geh. EL	Puderzucker
2 EL	Amaretto*
35	Walnusskernhälften (ca. 50 g)

** alternativ Wasser mit etwas Bittermandelaroma*

Zubereitung

- Walnusskerne im Mixtopf **6 Sek./Stufe 8** mahlen. Restliche Teigzutaten zugeben und **1 Min./Teigstufe** mithilfe des Spatels vermengen. Teig auf die Arbeitsfläche geben und von Hand noch einmal etwas durchkneten. Zu einer Kugel formen und in Frischhaltefolie wickeln. Für ca. 1 Std. in den Kühlschrank legen.
- Teig zwischen zwei Lagen Frischhaltefolie ausrollen und 140 Kreise (Ø 4,5 cm) ausstechen. Auf zwei mit Backpapier belegte Backbleche setzen und im vorgeheizten Backofen bei 170°C Umluft ca. 8-10 Min. backen.
- Hälfte der erkalteten Plätzchen mit Aprikosenkonfitüre bestreichen und die anderen Plätzchenhälften daraufsetzen.
- Puderzucker und Amaretto in einer kleinen Tasse verrühren und die Oberseite der Plätzchen damit bestreichen. Jeweils ein kleines Stück Walnusskern in die Mitte setzen.

Backtemperatur:
170°C Umluft

Backzeit: 8-10 Min.

Kühlzeit: ca. 1 Std.

Schwierigkeitsgrad:
einfach

80 STÜCK

Pro Stück (unverziert):
63 kcal · 11 g KH
1 g EW · 2 g Fett

Butterplätzchen zum Ausstechen

Zutaten

125 g	Butter
250 g	Zucker
1 P.	Vanillezucker
4	Eier
3 EL	Sahne
500 g	Mehl
250 g	Speisestärke
1 P.	Backpulver

Für die Verzierung:

Nach Belieben

Zubereitung

- Butter, Zucker, Vanillezucker, Eier und Sahne in den Mixtopf geben und **3 Min./Stufe 4** schaumig schlagen.
- Mehl, Speisestärke und Backpulver zugeben und **1 Min./Teigstufe** kneten. Ggf. Spatel zur Hilfe nehmen.
- Teig auf die Arbeitsfläche geben und von Hand noch einmal etwas durchkneten. Zu einer Kugel formen und in Frischhaltefolie wickeln. Für ca. 1 Std. in den Kühlschrank legen.
- Teig auf der leicht bemehlten Arbeitsfläche dünn ausrollen und beliebige Formen ausstechen.
- Plätzchen auf ein mit Backpapier belegtes Backblech geben und im vorgeheizten Backofen bei 180°C Ober-/Unterhitze 10-12 Min. backen. Nach dem Abkühlen nach Belieben verzieren.

Backtemperatur:
180°C Ober-/Unterhitze

Backzeit: 10-12 Min.

Kühlzeit: ca. 1 Std.

Schwierigkeitsgrad:
einfach

Pro Stück:
85 kcal · 10 g KH
1 g EW · 4 g Fett

Feenküsse

48 STÜCK

Zutaten

Für die Baisermasse:

3 Eiweiß
1 TL Zitronensaft
100 g Zucker

Für den Teig:

150 g Mehl
50 g Zucker
100 g Butter
1 Eigelb
1 Prise Salz
1 EL Wasser

Außerdem:

48 Toffifee

Zubereitung

- Für die Baisermasse **Rühraufsatz einsetzen.** Eiweiß und Zitronensaft im Mixtopf **2 Min./50°C/Stufe 3** steif schlagen, dabei Zucker langsam durch die Deckelöffnung einrieseln lassen. Umfüllen und in den Kühlschrank stellen. Mixtopf mit Wasser ausspülen.
- Alle Teigzutaten in den Mixtopf geben und **30-40 Sek./Stufe 4** zu einem Mürbteig verarbeiten.
- Teig auf die Arbeitsfläche geben und von Hand noch einmal etwas durchkneten. Zu einer Kugel formen und in Frischhaltefolie wickeln. Für ca. 1 Std. in den Kühlschrank legen.
- Teig auf der leicht bemehlten Arbeitsfläche ausrollen und 48 Kreise (Ø 4,5 cm) ausstechen. Je ein Toffifee mit der Schokoladenseite nach unten in die Mitte des ausgestochenen Teigkreises setzen.
- Baisermasse auf die Kreise spritzen (Toffifees müssen ganz bedeckt sein!). Im vorgeheizten Backofen bei 200°C Ober-/Unterhitze 15-20 Min. backen.

Backtemperatur: 200°C Ober-/Unterhitze

Backzeit: 15-20 Min.

Kühlzeit: ca. 1 Std.

Schwierigkeitsgrad: mittel

20 STÜCK

Pro Stück:
232 kcal · 24 g KH
2,5 g EW · 14 g Fett

Orangenbögen

Zutaten

100 g	Zucker
175 g	Butter, in Stücken
4	Eigelb
100 g	Marzipan-Rohmasse, in Stücken
180 g	Mehl
70 g	Speisestärke
1 P.	Orange-Back

Für die Verzierung:

4 EL	Aprikosenkonfitüre
150 g	Zartbitterkuvertüre, in Stücken
25 g	Kokosfett (z.B. Palmin)

Zubereitung

- Zucker im Mixtopf **10 Sek./Stufe 10** pulverisieren. Butter und Eigelb zugeben und **30 Sek./Stufe 5** verrühren. Restliche Teigzutaten zugeben und **10 Sek./Stufe 5** vermengen. Mehlreste mit dem Spatel vom Mixtopfrand nach unten schieben und erneut **10 Sek./Stufe 5** verrühren.
- Teig portionsweise in einen Spritzbeutel mit Sterntülle (Ø 7-8 mm) füllen und 40 Bögen auf zwei mit Backpapier belegte Backbleche spritzen. Im vorgeheizten Backofen bei 160°C Umluft ca. 10-12 Min. backen.
- Die Hälfte der erkalteten Bögen auf der Unterseite mit Aprikosenkonfitüre bestreichen und mit der anderen Hälfte zusammenkleben.
- Für die Verzierung Kuvertüre in den Mixtopf geben und **10 Sek./Stufe 8** zerkleinern. Mit dem Spatel nach unten schieben. Kokosfett zugeben und **4 Min./37°C/Stufe 2** schmelzen.
- Die zusammengesetzten Bögen an den Enden in die flüssige Schokolade tauchen und zum Trocknen auf ein Backpapier legen.

Tipp

Orangenbögen sind ein tolles Gebäck zum Tee für das ganze Jahr. Für Schokoladenbögen tauschen Sie 20 g Mehl durch 20 g Kakao aus.

Backtemperatur:
160°C Umluft

Backzeit: 10-12 Min.

Kühlzeit: keine

Schwierigkeitsgrad:
mittel

24 STÜCK

Pro Stück:
233 kcal · 22 g KH
4 g EW · 14 g Fett

Nougatkringel

Zutaten

125 g	Butter, in Stücken
1	Ei
75 g	Zucker
250 g	Mehl
1 P.	Vanillezucker

Für die Fertigstellung:

500 g	Wasser, lauwarm
200 g	Nuss-Nougat, schnittfeste Masse
100 g	Mandeln, gehackt
300 g	Kuvertüre
25 g	Kokosfett (z.B. Palmin)

Zubereitung

- Alle Teigzutaten in den Mixtopf geben und **15 Sek./Stufe 4** vermengen. Teig auf die Arbeitsfläche geben und von Hand noch einmal etwas durchkneten.
- Teig auf der leicht bemehlten Arbeitsfläche dünn ausrollen und 48 Kreise (Ø 5,5 cm) mit Loch in der Mitte ausstechen. Auf zwei mit Backpapier belegte Backbleche setzen und im vorgeheizten Backofen bei 170°C Umluft ca. 8 Min. backen. Mixtopf spülen.
- 500 g Wasser in den Mixtopf füllen. Nuss-Nougat samt Verpackung (s. kleines Bild 2) in den Gareinsatz geben und **10 Min./Varoma/Stufe 1** leicht anwärmen. Gehackte Mandeln in einer Pfanne ohne Fett rösten und auf einen Teller umfüllen. Nun die abgekühlten Plätzchen auf der Oberseite dick mit Nougat bestreichen (mit einem Messer) und ein zweites Plätzchen darauf setzen. Erneut mit Nougat bestreichen und mit gehackten Mandeln bestreuen.
- Kuvertüre in Stücken in den trockenen Mixtopf geben und **10 Sek./Stufe 8** zerkleinern. Kokosfett zugeben und **3 Min./50°C/Stufe 2** schmelzen.
- Die Ringe auf ein Kuchengitter setzen (darunter Backpapier legen) und dick mit Kuvertüre übergießen. Die hinuntergelaufene Kuvertüre können Sie noch einmal verwenden. Anschließend trocknen lassen.

Backtemperatur:
170°C Umluft

Backzeit: ca. 8 Min.

Kühlzeit: keine

Schwierigkeitsgrad:
aufwendig

40
STÜCK

Pro Stück:
117 kcal · 9 g KH
2 g EW · 8 g Fett

Walnuss-Nougatbusserl

Zutaten

200 g	Walnusskerne
150 g	Butter, in kleinen Stücken
100 g	brauner Zucker
2	Eier
220 g	Mehl
2 TL	Backpulver
3 TL	lösliches Espressopulver
150 g	Nuss-Nougat-Creme (z.B. Nutella)

Zubereitung

- Zuerst 140 g Walnusskerne im Mixtopf **3 Sek./Stufe 6** hacken. Umfüllen und beiseitestellen.
- Übrige Walnusskerne **5 Sek./Stufe 8** zerkleinern. Restliche Zutaten (außer Nuss-Nougat-Creme und die gehackten Walnüsse) zugeben und **12 Sek./Stufe 4** vermengen.
- Aus dem Teig 80 kleine Kugeln formen und in den gehackten Walnüssen wälzen. Mit etwas Abstand auf zwei mit Backpapier belegte Backbleche setzen und leicht andrücken.
- Blechweise im vorgeheizten Backofen bei 180°C Ober-/Unterhitze ca. 10-12 Min. backen. Die abgekühlten Plätzchen mit Nuss-Nougat-Creme auf der Unterseite bestreichen und zusammensetzen.

Backtemperatur: 180°C Ober-/Unterhitze

Backzeit: 10-12 Min.

Kühlzeit: keine

Schwierigkeitsgrad: einfach

Pro Stück:
67 kcal · 9 g KH
1 g EW · 3 g Fett

30 STÜCK

Snowcabs

Zutaten

60 g kaltes Öl, neutral
150 g Zucker
40 g Kakaopulver
2 Eier
einige Tropfen Butter-Vanille-Aroma
125 g Mehl
1 TL Backpulver
2 Prisen Salz

Für die Verzierung:

30 g Puderzucker

Zubereitung

- Öl, Zucker, Kakao, Eier und Butter-Vanille-Aroma in den Mixtopf geben und **1 Min./Stufe 5** verrühren. Mehl, Backpulver und Salz zugeben und **10 Sek./Stufe 4** verrühren.
- Den klebrigen Teig in eine Schüssel umfüllen und für mind. 2 Std. in den Kühlschrank stellen.
- Mit leicht angefeuchteten Händen kleine Kugeln formen und in Puderzucker wälzen. Mit etwas Abstand auf ein mit Backpapier belegtes Backblech setzen und im vorgeheizten Backofen bei 180°C Ober-/Unterhitze ca. 12-14 Min. backen.

Tipp

Öl am Vortag in den Kühlschrank stellen.

Backtemperatur: 180°C Ober-/Unterhitze

Backzeit: 12-14 Min.

Kühlzeit: mind. 2 Std.

Schwierigkeitsgrad: einfach

50 STÜCK

Pro Stück:
96 kcal · 9 g KH
1 g EW · 6 g Fett

Nougatberge

Zutaten

70 g	Butter
50 g	Zucker
1 P.	Vanillezucker
1 Prise	Salz
150 g	Mehl
1 TL	Backpulver
30 g	Wasser

Für das Nougat-Topping:

300 g	Nuss-Nougat-Creme (z.B. Nutella)
100 g	gehackte Mandeln
200 g	Zartbitterkuvertüre
25 g	Kokosfett (z.B. Palmin)

Zubereitung

- Butter im Mixtopf **2 Min./50°C/Stufe 2** schmelzen. Restliche Teigzutaten zugeben und **10 Sek./Stufe 4** vermengen. Teigreste mit dem Spatel vom Mixtopfrand nach unten schieben und erneut **10 Sek./Stufe 4** vermengen.
- Teig auf die Arbeitsfläche geben und von Hand noch einmal etwas durchkneten. Zu einer Kugel formen und in Frischhaltefolie wickeln. Für ca. 30 Min. in den Kühlschrank legen. Mixtopf spülen.
- Teig zwischen zwei Lagen Frischhaltefolie ausrollen, 50 Kreise (Ø 3 cm) ausstechen. **Achtung:** Reste vom Teig werden mitgebacken (für das Nougat-Topping - siehe kleines Bild 2). Kreise und Teigreste auf zwei mit Backpapier belegte Backbleche setzen und im vorgeheizten Backofen bei 170°C Umluft ca. 8-10 Min. backen.
- Nach dem Backen die Plätzchen abkühlen lassen. Teigreste in einen Gefrierbeutel geben und mit einem Nudelholz grob zerkleinern. Zusammen mit der Nuss-Nougat-Creme und den gehackten Mandeln in einer Schüssel* verrühren.
- Masse mithilfe von zwei Teelöffeln (oder mit nassen Händen) in kleinen Häufchen auf die Plätzchen setzen. Kuvertüre in Stücken im Mixtopf **10 Sek./Stufe 8** zerkleinern. Kokosfett zugeben und **3 Min./50°C/Stufe 2** schmelzen. Plätzchen mit flüssiger Kuvertüre überziehen und über Nacht im Kühlschrank fest werden lassen.

** Durch das Verrühren der Nuss-Nougat-Creme in einer Schüssel sparen Sie sich einen Spülvorgang des Mixtopfes und können dann wie gewohnt die Kuvertüre schmelzen.*

Backtemperatur:
170°C Umluft

Backzeit: 8-10 Min.

Kühlzeit: ca. 30 Min.

Schwierigkeitsgrad:
aufwendig

50 STÜCK

Pro Stück:
79 kcal · 8 g KH
1 g EW · 5 g Fett

Spekulatius-Kipferl

Zutaten

100 g	Mandeln, ganz
280 g	Mehl
70 g	Puderzucker
1 P.	Vanillezucker
210 g	Butter, in Stücken
1 TL	Spekulatiusgewürz, leicht gehäuft
1 Prise	Salz

Für die Verzierung:

100 g	Puderzucker
2 P.	Vanillezucker
1 TL	Zimt

Tipp

Anstelle von Spekulatiusgewürz können Sie auch Lebkuchengewürz verwenden.

Zubereitung

- Mandeln im Mixtopf **8 Sek./Stufe 7** mahlen. Restliche Zutaten dazugeben und **40 Sek./Stufe 4.5 (TM31: Stufe 4-5)** zu einem Teig verarbeiten.
- Teig aus dem Mixtopf nehmen, von Hand zu einer Kugel kneten und in Frischhaltefolie wickeln. Ca. 1 Std. in den Kühlschrank stellen.
- Aus dem Teig ca. 6 cm lange fingerdicke Stränge formen und zu Hörnchen (Kipferl) biegen.
- Kipferl auf ein mit Backpapier belegtes Backblech legen und im vorgeheizten Backofen bei 180°C Ober-/Unterhitze ca. 15-18 Min. backen.
- Puderzucker, Vanillezucker und Zimt gut vermischen und die noch warmen Kipferl vorsichtig darin wenden. Auf einem Kuchengitter abkühlen lassen.

Backtemperatur: 180°C Ober-/Unterhitze

Backzeit: 15-18 Min.

Kühlzeit: ca. 1 Std.

Schwierigkeitsgrad: einfach

Pro Stück:
52 kcal · 6 g KH
1 g EW · 3 g Fett

60 STÜCK

Gewürz-Sterntaler

Zutaten

50 g	Haselnusskerne, ganz
250 g	Mehl
130 g	Zucker
1 Prise	Salz
1 TL	Kakaopulver
½ TL	Zimt
50 g	Puderzucker
150 g	Butter
1	Ei
1 TL	Lebkuchengewürz

Für die Verzierung:

etwas Puderzucker

Zubereitung

- Haselnüsse in den Mixtopf geben und **8 Sek./Stufe 7** mahlen.
- Restliche Zutaten dazugeben und **30-40 Sek./Stufe 4** zu einem Teig verarbeiten.
- Teig aus dem Mixtopf nehmen, von Hand zu einer Kugel kneten und in Frischhaltefolie wickeln. Ca. 1 Std. in den Kühlschrank stellen.
- Teig auf der leicht bemehlten Arbeitsfläche ca. 4 mm dünn ausrollen und Sterne ausstechen.
- Sterne auf ein mit Backpapier belegtes Backblech setzen und im vorgeheizten Backofen bei 180°C Ober-/Unterhitze ca. 10-12 Min. backen. Sterne auskühlen lassen und mit Puderzucker bestäuben.

Tipp

Anstelle der Haselnüsse können Sie auch Mandeln verwenden.

Backtemperatur: 180°C Ober-/Unterhitze

Backzeit: 10-12 Min.

Kühlzeit: ca. 1 Std.

Schwierigkeitsgrad: einfach

80
STÜCK

Pro Stück:
121 kcal · 10 g KH
1 g EW · 8 g Fett

Nuss-Stangen

Zutaten

125 g	Haselnusskerne, ganz
250 g	Mehl
200 g	Butter, in Stücken
150 g	Zucker
1	Eigelb
1 TL	Rum

Für die Verzierung:

150 g	Zartbitterkuvertüre
20 g	Kokosfett (z.B. Palmin)

Zubereitung

- Haselnüsse in den Mixtopf geben und **10 Sek./Stufe 7** mahlen. Restliche Zutaten zugeben und **30-40 Sek./Stufe 4** zu einem Mürbteig verarbeiten.
- Teig aus dem Mixtopf nehmen, von Hand zu einer Kugel kneten und in Frischhaltefolie wickeln. Ca. 1 Std. in den Kühlschrank legen.
- Aus dem Teig ca. 7 cm lange fingerdicke Stangen formen. Auf ein mit Backpapier belegtes Backblech legen und im vorgeheizten Backofen bei 180°C Ober-/Unterhitze ca. 10-12 Min. backen. Abkühlen lassen.
- Für die Verzierung Kuvertüre in Stücken in den Mixtopf geben und **10 Sek./Stufe 8** zerkleinern. Kokosfett zugeben und **3 Min./50°C/Stufe 2** schmelzen. Die abgekühlten Stangen mit einem Ende in die flüssige Schokolade tauchen und fest werden lassen.

Backtemperatur:
180°C Ober-/Unterhitze

Backzeit: 10-12 Min.

Kühlzeit: ca. 1 Std.

Schwierigkeitsgrad:
einfach

Pro Stück:
103 kcal · 12 g KH
1 g EW · 6 g Fett

35 STÜCK

Gelee-Taler

Zutaten

100 g	Zucker
300 g	Mehl
½ TL	Backpulver
1 TL	Vanillezucker
1	Ei
200 g	weiche Butter, in Stücken

Für die Füllung & Verzierung:

100 g	Johannisbeer-Gelee
etwas	Schokoladenglasur, z.B. mit Spritzbeutel (siehe Umschlagseite vorne)

Zubereitung

- Zucker in den Mixtopf geben und **10 Sek./Stufe 10** pulverisieren. Restliche Zutaten zugeben und **30-40 Sek./Stufe 4** zu einem Mürbteig verarbeiten.
- Teig aus dem Mixtopf nehmen, von Hand zu einer Kugel kneten und in Frischhaltefolie wickeln. Ca. 1 Std. in den Kühlschrank legen.
- Teig auf der leicht bemehlten Arbeitsfläche dünn ausrollen und Blumen, Herzen oder Sterne ausstechen. Die Hälfte davon mit Locheinsatz.
- Plätzchen auf ein mit Backpapier belegtes Backblech setzen und im vorgeheizten Backofen bei 180°C Ober-/Unterhitze ca. 10-12 Min. backen.
- Nach dem Abkühlen ein Plätzchen mit leicht angewärmtem Gelee bestreichen und ein zweites mit Loch daraufsetzen. Zum Schluss mit etwas Schokoladenglasur verzieren.

Backtemperatur:
180°C Ober-/Unterhitze

Backzeit: 10-12 Min.

Kühlzeit: ca. 1 Std.

Schwierigkeitsgrad:
einfach

20 STÜCK

Pro Stück:
94 kcal · 8 g KH
2 g EW · 6 g Fett

Kokos-Marzipan-Makronen

Zutaten

50 g	Zucker
1 EL	Vanillezucker
100 g	Marzipan-Rohmasse, in Stücken
2	Eiweiß
100 g	Kokosraspeln
1 EL	Zitronensaft
30 g	Magerquark

Für die Verzierung:

etwas Schokoladenglasur, z.B. mit Spritzbeutel (siehe Umschlagseite vorne)

Zubereitung

- Zucker und Vanillezucker im Mixtopf **10 Sek./Stufe 10** pulverisieren. Umfüllen.
- Marzipan und Eiweiß in den Mixtopf geben und **15 Sek./Stufe 5** mixen.
- Pulverisierten Zucker und restliche Zutaten zugeben und **30 Sek./Stufe 4** vermengen.
- Mithilfe von 2 Teelöffeln kleine Häufchen auf ein mit Backpapier belegtes Backblech setzen und im vorgeheizten Backofen bei 180°C Ober-/Unterhitze ca. 15-18 Min. goldbraun backen.
- Makronen nach dem Erkalten mit Schokolade verzieren.

Tipp

Durch den Quark bleiben die Makronen schön saftig und weich. Wer möchte, kann die Makronen auch auf Oblaten setzen.

Backtemperatur: 180°C Ober-/Unterhitze

Backzeit: 15-18 Min.

Kühlzeit: keine

Schwierigkeitsgrad: einfach

Pro Stück:
133 kcal · 10 g KH
2 g EW · 9 g Fett

40 STÜCK

Mandelplätzchen
mit Nougatfüllung

Zutaten

150 g	Mandeln, ganz
250 g	Mehl
½ TL	Backpulver
75 g	Zucker
1 P.	Vanillezucker
1	Ei
200 g	Butter, in Stücken

Für die Füllung & Glasur:

120 g	Nuss-Nougat-Creme (z.B. Nutella)
150 g	Zartbitterkuvertüre
20 g	Kokosfett (z.B. Palmin)

Zubereitung

- Mandeln in den Mixtopf geben und **10 Sek./Stufe 7** mahlen. Restliche Zutaten zugeben und **30-40 Sek./Stufe 4** zu einem Mürbteig verarbeiten.
- Teig aus dem Mixtopf nehmen, von Hand zu einer Kugel kneten und in Frischhaltefolie wickeln. Ca. 1 Std. in den Kühlschrank legen.
- Teig auf der leicht bemehlten Arbeitsfläche dünn ausrollen und beliebige Formen ausstechen. Bitte beachten Sie, dass Sie von jeder Form immer 1 Paar brauchen! Im vorgeheizten Backofen bei 180°C Ober-/Unterhitze ca. 10-12 Min. backen.
- Nach dem Abkühlen je 1 Plätzchen mit Nuss-Nougat-Creme bestreichen und ein Zweites daraufsetzen.
- Für die Glasur Kuvertüre in Stücken in den Mixtopf geben und **10 Sek./Stufe 8** zerkleinern. Kokosfett zugeben und **3 Min./50°C/Stufe 2** schmelzen. Die Plätzchen zur Hälfte in die flüssige Schokolade tauchen und fest werden lassen.

Backtemperatur: 180°C Ober-/Unterhitze

Backzeit: 10-12 Min.

Kühlzeit: ca. 1 Std.

Schwierigkeitsgrad: einfach

70
STÜCK

Pro Stück:
56 kcal · 6 g KH
1 g EW · 4 g Fett

Süße Vanille-Brezeln

Zutaten

80 g	Zucker
½	Vanilleschote (mit Schale)
100 g	gem. Mandeln, ohne Haut
220 g	kalte Butter, in Stücken
1	Eigelb
1 Prise	Salz
280 g	Mehl

Für die Verzierung:

75 g	Puderzucker
etwas	Hagelzucker

Zubereitung

- Zucker und Vanilleschote in den Mixtopf geben und **10 Sek./Stufe 10** pulverisieren.
- Mandeln, Butter, Eigelb, Salz und Mehl zugeben und **1 Min./Teigstufe** kneten. Den etwas bröseligen Teig auf die Arbeitsfläche geben und von Hand zu einer Kugel kneten. Teig in Frischhaltefolie wickeln und für ca. 1 Std. in den Kühlschrank stellen.
- Teig portionsweise auf einer leicht bemehlten Arbeitsfläche zu dünnen Stangen rollen und zu Brezeln legen.
- Die Brezeln auf 2-3 mit Backpapier belegte Backbleche geben und im vorgeheizten Backofen bei 160°C Umluft auf mittlerer Schiene ca. 10-12 Min. backen (ggf. die Bleche zwischenzeitlich tauschen, um ein gleichmäßiges Ergebnis zu erhalten).
- Für die Verzierung Puderzucker mit 1 EL Wasser in einer kleinen Tasse so lange verrühren, bis ein dickflüssiger Guss entstanden ist.
- Abgekühlte Brezeln mit Puderzuckerguss bestreichen und mit Hagelzucker bestreuen. Trocknen lassen.

Backtemperatur: 160°C Umluft

Backzeit: 10-12 Min.

Kühlzeit: ca. 1 Std.

Schwierigkeitsgrad: mittel

Pro Stück:
63 kcal · 8 g KH
2 g EW · 3 g Fett

80 STÜCK

Kartoffel-Marzipan Lebkuchen

Zutaten

100 g	Haselnusskerne
150 g	Mandeln
500 g	Kartoffeln, gekocht, kalt (am besten am Vortag gekocht)
100 g	Marzipan-Rohmasse, in Stücken
2	Eier
250 g	Zucker
3 TL	Lebkuchengewürz
2 TL	Backpulver
180 g	Mehl

Außerdem:

80	Oblaten, Ø 50 mm
150 g	Zartbitterkuvertüre
20 g	Kokosfett (z.B. Palmin)

Zubereitung

- Haselnüsse und Mandeln in den Mixtopf geben und **10 Sek./Stufe 7** mahlen.
- Kartoffeln schälen und mit einer Gabel grob zerdrückt zugeben. Marzipan zugeben und **5 Sek./Stufe 5** zerkleinern.
- Restliche Zutaten zugeben und **1 Min./Teigstufe** kneten. Teig portionsweise mithilfe eines Teelöffels auf die Oblaten streichen und auf 2-3 mit Backpapier belegte Backbleche geben.
- Im vorgeheizten Backofen bei 160°C Umluft ca. 18 Min. backen bis sich die Lebkuchen leicht bräunlich färben.
- Für die Verzierung Kuvertüre in Stücken in den Mixtopf geben und **10 Sek./Stufe 8** zerkleinern. Kokosfett zugeben und **3 Min./50°C/Stufe 2** schmelzen.
- Die abgekühlten Lebkuchen mit der Kuvertüre überziehen und trocknen lassen.

Backtemperatur: 160°C Umluft

Backzeit: ca. 18 Min.

Kühlzeit: keine

Schwierigkeitsgrad: mittel

30 STÜCK

Pro Stück:
76 kcal · 14 g KH
2 g EW · 2 g Fett

Fruchtige Spekulatiuskugeln

Zutaten

125 g	Honig
50 g	Zucker
1	Ei
50 g	gehackte Mandeln
200 g	Mehl
1 Prise	Salz
2 TL	Spekulatiusgewürz

Für die Verzierung:

75 g	Puderzucker
25 g	gehackte Mandeln
15	kandierte Kirschen

Zubereitung

- Honig und Zucker in den Mixtopf geben und **3 Min./60°C/Stufe 2** erhitzen. Mixtopfdeckel öffnen und 15 Min. abkühlen lassen.
- Ei zugeben und **10 Sek./Stufe 3** unterrühren. Restliche Teigzutaten zugeben und **40 Sek./Teigstufe** vermengen. Den klebrigen Teig in eine Schüssel umfüllen und 20-30 Min. kalt stellen (danach klebt dieser fast nicht mehr).
- Aus dem Teig mit leicht angefeuchteten Händen 30 kleine Kugeln formen und auf ein mit Backpapier belegtes Backblech setzen. Leicht flach drücken und im vorgeheizten Backofen bei 180°C Ober-/Unterhitze ca. 10 Min. backen. Blech aus dem Ofen nehmen und die Kugeln auf einem Kuchengitter abkühlen lassen.
- Für die Verzierung Puderzucker mit 1 EL Wasser in einer kleinen Tasse so lange verrühren, bis ein dickflüssiger Guss entstanden ist.
- Kugeln mit Puderzuckerguss überziehen und in die Mitte eine halbierte Kirsche setzen. Mit gehackten Mandeln bestreuen und trocknen lassen.

Backtemperatur: 180°C Ober-/Unterhitze

Backzeit: 10 Min.

Kühlzeit: 20-30 Min.

Schwierigkeitsgrad: einfach

Pro Stück:
47 kcal · 4 g KH
1 g EW · 3 g Fett

40 STÜCK

Kardamom-Nusskipferl

Zutaten

50 g	Haselnusskerne, ganz
100 g	kalte Butter, in Stücken
50 g	Puderzucker
1 Prise	Salz
1 EL	Espressopulver, löslich
½ TL	Kardamom, gem.
1	Eigelb
150 g	Mehl

Zum Bestäuben:

2 EL	Kakaopulver

Tipp

Statt Haselnüsse können Sie auch Mandeln verwenden!

Zubereitung

- Haselnüsse im Mixtopf **10 Sek./Stufe 7** mahlen. Umfüllen und in einer Pfanne ohne Fett leicht anrösten. Auf einen Teller umfüllen und abkühlen lassen.
- Butter, Puderzucker, Salz, Espressopulver, Kardamom und Eigelb im Mixtopf **10 Sek./Stufe 4** verrühren.
- Geröstete Nüsse und Mehl zugeben und erneut **10 Sek./Stufe 4** vermengen. Den bröseligen Teig auf die Arbeitsfläche geben und von Hand zu einer Kugel kneten. In Frischhaltefolie wickeln und für ca. 1 Std. in den Kühlschrank stellen.
- Aus dem Teig haselnussgroße Portionen abstechen und in den warmen Handflächen zuerst zu kleinen Kugeln rollen, dann zu kleinen Kipferl formen. Auf ein mit Backpapier belegtes Backblech setzen und im vorgeheizten Backofen bei 180°C Ober-/Unterhitze ca. 10-12 Min. backen. **Hinweis:** Sollten die Kipferl beim Biegen brechen, kleinere Portionen nehmen!
- Nach dem Backen etwas abkühlen lassen und mit Kakao bestäuben.

Backtemperatur: 180°C Ober-/Unterhitze

Backzeit: 10-12 Min.

Kühlzeit: ca. 1 Std.

Schwierigkeitsgrad: einfach

70 STÜCK

Pro Stück:
68 kcal · 5 g KH
1 g EW · 5 g Fett

Schokoladige Walnusshäppchen

Zutaten

150 g	Walnusskerne
100 g	Zucker
175 g	kalte Butter, in Stücken
250 g	Mehl
1	Eigelb
1 Prise	Salz
1 TL	abgeriebene Zitronenschale
1	Ei

Für die Verzierung:

150 g	Zartbitterkuvertüre
20 g	Kokosfett (z.B. Palmin)

Zubereitung

- 100 g Walnusskerne im Mixtopf **2 Sek./Stufe 5** grob hacken. Umfüllen.
- Zucker im Mixtopf **10 Sek./Stufe 10** pulverisieren. Restliche Walnusskerne zugeben und **10 Sek./Stufe 7** mahlen.
- Butter, Mehl, Eigelb, Salz und Zitronenschalenabrieb zugeben und **1 Min./Teigstufe** kneten. Teig auf die Arbeitsfläche geben und von Hand zu einer Kugel kneten. Teig in Frischhaltefolie wickeln und für ca. 1 Std. in den Kühlschrank legen. In der Zwischenzeit Mixtopf spülen.
- Teig in 3-4 Portionen teilen und daraus kleine Rollen formen (fingerdick). Von der Rolle ca. 4-5 cm kleine Stangen abschneiden und auf zwei mit Backpapier belegte Backbleche setzen.
- Ei in einer kleinen Tasse verquirlen und die Stangen damit bestreichen. Mit den grob gehackten Walnusskernen bestreuen und im vorgeheizten Backofen bei 160°C Umluft ca. 10-12 Min. backen.
- Für die Verzierung Kuvertüre in Stücken in den Mixtopf geben und **10 Sek./Stufe 8** zerkleinern. Kokosfett zugeben und **3 Min./50°C/Stufe 2** schmelzen. Die abgekühlten Plätzchen mit einem Ende in die flüssige Schokolade tauchen und fest werden lassen.

Backtemperatur: 160°C Umluft

Backzeit: 10-12 Min.

Kühlzeit: ca. 1 Std.

Schwierigkeitsgrad: mittel

16 STÜCK

Pro Stück:
209 kcal · 15 g KH
4 g EW · 15 g Fett

Marzipan-Lebkuchen

Zutaten

200 g	Haselnusskerne, ganz
100 g	Marzipan-Rohmasse
3	Eiweiß
75 g	Zucker
50 g	Orangenmarmelade
2 TL	Lebkuchengewürz
1 TL	Zimt
1 Msp.	Hirschhornsalz

Außerdem:

16	Oblaten, Ø 70 mm
200 g	Zartbitterkuvertüre
etwas	Haselnusskrokant

Tipp

Haselnüsse können Sie auch durch Mandeln ersetzen!

Zubereitung

- Haselnüsse in den Mixtopf geben und **10 Sek./Stufe 7** mahlen. Umfüllen.
- Marzipan im Mixtopf **5 Sek./Stufe 5** zerkleinern.
- Haselnüsse und restliche Zutaten zugeben und **15 Sek./Stufe 4** vermengen.
- Jeweils 1 EL Teig auf eine Oblate geben und glatt streichen. Die Lebkuchen im vorgeheizten Backofen bei 180°C Ober-/Unterhitze auf mittlerer Schiene ca. 15-18 Min. backen. In der Zwischenzeit Mixtopf spülen und trocknen.
  Hinweis: Die Lebkuchen sind durch das Marzipan innen sehr weich! Bitte nicht länger backen, da diese sonst zu trocken und hart werden.
- Kuvertüre in Stücken in den Mixtopf geben und **10-12 Sek./Stufe 8** zerkleinern. Nun **3 Min./50°C/Stufe 1** schmelzen. Die abgekühlten Lebkuchen damit einpinseln. Mit Krokant bestreuen und trocknen lassen.

Backtemperatur: 180°C Ober-/Unterhitze

Backzeit: 15-18 Min.

Kühlzeit: keine

Schwierigkeitsgrad: mittel

Pro Stück:
174 kcal · 21 g KH
3 g EW · 8 g Fett

40 STÜCK

Traditionelle Lebkuchen

Zutaten

200 g	Haselnusskerne, ganz
70 g	Butter, in Stücken
150 g	Zucker
2	Eier
250 g	Mehl
1 P.	Backpulver
1 TL	Lebkuchengewürz
1 TL	Kakaopulver
je 100 g	Zitronat und Orangeat
130 g	Milch

Außerdem:

40	Oblaten, Ø 70 mm
300 g	Vollmilchkuvertüre, in Stücken
20	Belegkirschen, halbiert
80	ganze Mandeln, ohne Haut, längs halbiert

Zubereitung

- Haselnüsse in den Mixtopf geben und **10 Sek./Stufe 7** mahlen. Umfüllen.
- Butter, Zucker und Eier in den Mixtopf geben und **1 Min./Stufe 4** cremig rühren. Restliche Zutaten zugeben und **1 Min./Teigstufe** verarbeiten.
- Jeweils 1 EL Teig auf eine Oblate geben und glatt streichen. Die Lebkuchen im vorgeheizten Backofen bei 200°C Ober-/Unterhitze ca. 20-25 Min. backen.
- Kuvertüre im Mixtopf **10 Sek./Stufe 6** zerkleinern und **3 Min./50°C/Stufe 2** schmelzen. Die Lebkuchen mit der Unterseite auf eine Gabel aufspießen und mit der Oberseite in die flüssige Kuvertüre tauchen. Mit Belegkirschen und Mandeln verzieren und erkalten lassen.

Backtemperatur:
200°C Ober-/Unterhitze

Backzeit: 20-25 Min.

Kühlzeit: keine

Schwierigkeitsgrad:
mittel

20 STÜCK

Pro Stück:
176 kcal · 21 g KH
2 g EW · 9 g Fett

Walnuss-Türmchen

Zutaten

80 g	Walnusskerne
200 g	Mehl
80 g	Zucker
1 P.	Vanillezucker
1 TL	Zimt
120 g	Butter, in Stücken
1-2 EL	Wasser, eiskalt

Für die Füllung & Verzierung:

120 g	Erdbeerkonfitüre
100 g	Puderzucker
1	Eiweiß
10	Walnusskernhälften, nochmal halbiert

Zubereitung

- Walnüsse im Mixtopf **10 Sek./Stufe 7** mahlen. Restliche Zutaten dazugeben und **30-40 Sek./Stufe 4** zu einem Teig verarbeiten.
- Teig aus dem Mixtopf nehmen, von Hand zu einer Kugel kneten und in Frischhaltefolie wickeln. Ca. 1 Std. in den Kühlschrank stellen. Mixtopf spülen.
- Teig auf die leicht bemehlte Arbeitsfläche geben, ggf. nochmals kurz durchkneten und dünn ausrollen.
- Jeweils 20 Plätzchen in 3 verschiedenen Größen ausstechen und auf ein mit Backpapier belegtes Backblech legen. Im vorgeheizten Backofen bei 180°C Ober-/Unterhitze 10-12 Min. backen. Plätzchen abkühlen lassen.
- Je 1 Plätzchen von jeder Größe wie auf dem Bild mit Erdbeerkonfitüre aufeinandersetzen.
- Puderzucker und Eiweiß im Mixtopf **1 Min./Stufe 3** verrühren und auf jedes Türmchen einen Klecks geben. Ein Stück Walnuss aufsetzen und trocknen lassen.

Backtemperatur:
180°C Ober-/Unterhitze

Backzeit: 10-12 Min.

Kühlzeit: ca. 1 Std.

Schwierigkeitsgrad:
mittel

Pro Stück:
101 kcal · 7 g KH
3 g EW · 6 g Fett

50 STÜCK

Aprikosen-Mandel-Stangen

Zutaten

100 g	getrocknete Aprikosen
200 g	Marzipan-Rohmasse, in Stücken
3	Eiweiß
100 g	Zucker
1 P.	Vanillezucker
1 EL	Honig
2 Tropfen	Bittermandelaroma
20 g	Weizenmehl
250 g	gem. Mandeln (blanchiert)

Für die Verzierung:

150 g	gehobelte Mandeln
150 g	weiße Kuvertüre

Zubereitung

- Aprikosen in den Mixtopf geben und **15 Sek./Stufe 5** zerkleinern. Umfüllen.
- Marzipan und Eiweiß im Mixtopf **20 Sek./Stufe 5** vermischen.
- Zerkleinerte Aprikosen und restliche Zutaten zugeben und **1 Min./Teigstufe** (mithilfe des Spatels) zu einem Teig verarbeiten. Mixtopf spülen.
- Gehobelte Mandeln auf die Arbeitsfläche geben. Von dem Teig mit feuchten Händen kleine Portionen abnehmen und zu Kugeln formen. Kugeln auf die gehobelten Mandeln geben und zu fingerdicken Stangen formen.
- Stangen auf ein mit Backpapier belegtes Backblech legen und im vorgeheizten Backofen 180°C Ober-/Unterhitze ca. 12 Min. backen. Abkühlen lassen.
- Kuvertüre **10 Sek./Stufe 7** zerkleinern und **2 Min./70°C/Stufe 2** schmelzen. Stangen mit den Spitzen eintauchen und trocknen lassen.

Backtemperatur:
180°C Ober-/Unterhitze

Backzeit: ca. 12 Min.

Kühlzeit: keine

Schwierigkeitsgrad:
einfach

Süße
Geschenke und Getränke

Rezeptübersicht

SEITE
34

SEITE
36

SEITE
43

SEITE
44

SEITE
47

SEITE
50

20 STÜCK

Pro Stück:
63 kcal · 5 g KH
1 g EW · 4 g Fett

Spekulatius-Nougat-Trüffel

Zutaten

50 g	Spekulatiuskekse (altern. Butterkekse und 1 Msp. Zimt)
50 g	Zartbitterkuvertüre, in Stücken
100 g	Nuss-Nougat, schnittfeste Masse
20 g	Butter
1 EL	Weinbrand o. Rum*
etwas	Kakaopulver zum Wälzen

**alternativ 1 EL Wasser mit etwas Rumaroma*

Zubereitung

- Kekse in den Mixtopf geben und **4 Sek./Stufe 5** zerkleinern. Umfüllen.
- Zartbitterkuvertüre in Stücken in den Mixtopf geben und **7 Sek./Stufe 8** zerkleinern. Nuss-Nougat und Butter zugeben und **3 Min./50°C/Stufe 2** schmelzen.
- Kekse und Weinbrand zugeben und **4 Sek./Stufe 4** vermischen.
- Von der Masse kleine Portionen (haselnussgroß) abstechen. Mit leicht feuchten Händen zu Kugeln rollen. Anschließend in Kakao wälzen.
- Im Kühlschrank aufbewahren.

Tipp

Sie können die Trüffel entweder in kleine Pralinenförmchen setzen oder in Folienbeutel füllen und so verschenken.

Haltbarkeit:
Im Kühlschrank ca. 2 Wochen.

Pro Stück:
57 kcal · 5 g KH
1 g EW · 4 g Fett

80 STÜCK

Rumkugeln

Zutaten

100 g	Mandeln
200 g	Vollmilch-Kuvertüre
1 EL	Rum*
1 Prise	Salz
1 TL	Kakao
125 g	weiche Butter
250 g	Puderzucker

Für die Verzierung:

150 g	Schokostreusel, zartbitter

**alternativ 1 EL Wasser mit etwas Rumaroma*

Zubereitung

- Mandeln in den Mixtopf geben und **10 Sek./Stufe 8** mahlen. Umfüllen.
- Kuvertüre in Stücken in den Mixtopf geben und **10 Sek./Stufe 8** zerkleinern. Dann **3 Min./50°C/Stufe 2** schmelzen.
- Restliche Zutaten zugeben und **20 Sek./Stufe 5** vermengen. Masse umfüllen und für ca. 30 Min. in den Kühlschrank stellen.
- Kleine Portionen (haselnussgroß) abstechen und mit leicht feuchten Händen zu Kugeln rollen. Anschließend in Schokostreuseln wälzen.

Haltbarkeit:
An einem kühlen Ort ca. 4 Wochen.

40 STÜCK

Pro Stück:
56 kcal · 3 g KH
1 g EW · 5 g Fett

Bezaubernde Pistazientrüffel

Zutaten

100 g	Mandeln
150 g	weiße Kuvertüre
50 g	Sahne
30 g	Butter
20 g	Kokosfett (z.B. von Palmin)
1 TL	Zimt

Zum Wälzen:

50 g	Pistazien, gehackt

Zubereitung

- Zuerst Pistazien zum Wälzen im Mixtopf **7 Sek./Stufe 7** mahlen. In einen tiefen Teller umfüllen.
- Mandeln in den Mixtopf geben und **10 Sek./Stufe 7** mahlen. Umfüllen.
- Kuvertüre in Stücken in den Mixtopf geben und **10 Sek./Stufe 8** zerkleinern. Sahne zugeben und **1 Min./50°C/Stufe 2** erwärmen.
- Butter und Kokosfett in Stücken zugeben und **3 Min./50°C/Stufe 2** schmelzen.
- Gemahlene Mandeln und Zimt zugeben und **15 Sek./Stufe 4** vermengen. Die klebrige Masse in eine Schüssel umfüllen und für ca. 2-3 Std. in den Kühlschrank stellen. (Die Konsistenz sollte dann deutlich fester sein!)
- Aus der Masse kleine Kugeln formen und in den gemahlenen Pistazien wälzen. Im Kühlschrank aufbewahren!

Tipp:
Sie können die Kugeln auch in Kokosflocken wälzen.

Haltbarkeit:
Im Kühlschrank ca. 2 Wochen.

Pro Stück:
190 kcal · 16 g KH
2 g EW · 14 g Fett

40 STÜCK

Kokoskugeln
mit weißer Schokolade

Zutaten

200 g	Zucker
¼	Vanilleschote
600 g	weiße Schokolade, in Stücken
200 g	Butter, in Stücken
60 g	Rum*
60 g	Orangensaft
100 g	Mandeln
200 g	Kokosflocken

alternativ 60 g Wasser mit etwas Rumaroma

Zubereitung

- Zucker und Vanilleschote im Mixtopf **15 Sek./Stufe 10** pulverisieren. Umfüllen.
- Schokolade in den Mixtopf geben und **30 Sek./Stufe 8-9** zerkleinern.
- Pulverisierten Vanillezucker, Butter, Rum und Orangensaft zugeben und **2 Min./Teigstufe** kneten.
- Aus der Masse kleine Kugeln formen, dabei in die Mitte je eine Mandel eindrücken. Kugeln in Kokosflocken wälzen und in kleine Papierförmchen setzen.

Haltbarkeit:
Im Kühlschrank ca. 2 Wochen.

70
STÜCK

Pro Stück:
72 kcal · 6 g KH
1 g EW · 4 g Fett

Rum-Kokos-Würfel

Zutaten

80 g	Butter
2	Eier
170 g	Zucker
250 g	Mehl
30 g	Kakao
1 geh. TL Backpulver	
100 g	Milch, 1,5%

Für die Verzierung:

200 g	Blockschokolade
150 g	Milch, 1,5%
3 EL	Stroh-Rum (40%)*
200 g	Kokosflocken

** alternativ 3 EL Wasser mit etwas Rumaroma*

Zubereitung

- Butter, Eier und Zucker in den Mixtopf geben und **20 Sek./Stufe 5** vermengen. Restliche Zutaten zugeben und **20 Sek./Stufe 4** zu einem Teig verrühren.
- Teig auf ein mit Backpapier belegtes Backblech mit Backrahmen (ca. 20 x 25 cm) geben und im vorgeheizten Backofen bei 180°C Ober-/Unterhitze 20 Min. backen. Kuchen vollständig abkühlen lassen und in kleine Würfel schneiden.
- Blockschokolade in Stücken in den Mixtopf geben und **8 Sek./Stufe 8** zerkleinern. Milch und Rum zugeben und **3 Min./50°C/Stufe 2** schmelzen. Kokosflocken in eine Schüssel füllen.
- Kuchenwürfel zuerst in die Schokolade eintauchen und anschließend in Kokosflocken wälzen. Fertige Würfel abkühlen lassen.

Backtemperatur: 180°C Ober-/Unterhitze

Backzeit: 20 Min.

Kühlzeit: keine

Schwierigkeitsgrad: mittel

Pro Stück:
155 kcal · 9 g KH
2 g EW · 12 g Fett

20 STÜCK

Mandelsplittertrüffel

Zutaten

250 g	Zartbitterkuvertüre, in Stücken
130 g	weiche Butter, in Stücken
35 g	Puderzucker
5 EL	Mandellikör*

Für die Verzierung:

75 g	gehackte Mandeln, in einer Pfanne ohne Fett geröstet

**alternativ 5 EL Wasser mit etwas Bittermandelaroma*

Zubereitung

- Kuvertüre im Mixtopf **10 Sek./Stufe 7** zerkleinern und **3 Min./50°C/Stufe 2** schmelzen.
- Butter, Puderzucker und Mandellikör zugeben und **1 Min./Teigstufe** kneten.
- Masse mit dem Spatel vom Mixtopfrand nach unten schieben und ggf. noch einmal Teigstufe kneten bis eine gleichmäßige Creme entstanden ist.
- Creme zügig in einen Spritzbeutel mit Lochtülle füllen und in kleine Pralinenförmchen spritzen. Auf jede Praline ein paar Mandelsplitter drücken und fest werden lassen.

Haltbarkeit:
Im Kühlschrank ca. 2 Wochen.

200 GRAMM

Pro Portion (20 g):
173 kcal · 11 g KH
5 g EW · 12 g Fett

Gebrannte Mandeln

Zutaten

15 g	Butter
90 g	brauner Zucker
½ TL	Zimt
200 g	ganze Mandeln, mit Haut
10 g	Amaretto*

**alternativ 10 g Wasser mit etwas Bittermandel-aroma*

Zubereitung

- Backofen auf 180°C Umluft vorheizen.
- Alle Zutaten (außer Amaretto) in den Mixtopf geben und **5 Min./ /Varoma/Stufe 1** erhitzen.
- Amaretto zugeben und **8 Min./ /Varoma/Stufe 1** vermengen.
- Mandeln auf ein mit Backpapier belegtes Backblech verteilen und ca. 15 Min. in den vorgeheizten Back-ofen geben. Hinweis: Mandeln im Blick behalten, damit sie nicht zu dunkel werden!

Tipp

Sie können auch die doppelte Menge machen.

Backtemperatur: 180°C Umluft

Backzeit: 15 Min.

Schwierigkeitsgrad: einfach

Haltbarkeit:

Kühl und trocken gelagert, ca. 3-4 Monate.

Pro Portion (20 g):
153 kcal · 6 g KH
5 g EW · 12 g Fett

5 TÜTEN

Schoko-Mandeln

Zutaten

80 g	Zucker
¼	Vanilleschote
500 g	Mandeln ganz
80 g	Zartbitterkuvertüre
1 Pr.	Koriander, gem.
1 gestr. TL Zimt	

Zubereitung

- Zucker und Vanilleschote in den Mixtopf geben und **10 Sek./Stufe 10** mahlen. In eine große Schüssel mit Deckel umfüllen.
- Mandeln auf ein mit Backpapier belegtes Backblech streuen und mit 2 EL Puderzucker bestreuen. Mandeln im vorgeheizten Backofen bei 160°C Umluft ca. 25-30 Min. rösten. Dabei gelegentlich wenden! Mandeln abkühlen lassen.
- Kuvertüre in Stücken in den Mixtopf geben und **10 Sek./Stufe 8** zerkleinern. Mit dem Spatel vom Mixtopfrand nach unten schieben. Gewürze zugeben und Schokolade **3 Min./50°C/Stufe 2** schmelzen.
- Abgekühlte Mandeln zugeben und **40 Sek./ ↺ /Stufe 1-2** mithilfe des Spatels unterheben. Die Mandeln sofort in die große Schüssel mit dem Vanille-Puderzucker geben. Mit dem Deckel verschließen und ordentlich schütteln. Danach in kleine Tütchen verpacken.

AUCH MIT WEISSER SCHOKOLADE ODER HASELNÜSSEN EIN WAHRER GENUSS!

Backtemperatur: 160°C Umluft

Backzeit: 25-30 Min.

Schwierigkeitsgrad: einfach

Haltbarkeit:

Kühl und dunkel gelagert - 4-6 Wochen haltbar!

5 GLÄSER

à 250 ml

Pro 30 g:
55 kcal · 13 g KH
0 g EW · 0 g Fett

Apfel-Calvados-Konfitüre

Zutaten

950 g	Äpfel, entkernt, in Stücken, nicht geschält
2 EL	Zitronensaft
50 g	Calvados*
½ TL	Zimt
500 g	Gelierzucker, 2:1

**alternativ 50 g Apfelsaft*

Zubereitung

- Apfelstücke und Zitronensaft in den Mixtopf geben und **5 Sek./Stufe 5** zerkleinern. Restliche Zutaten zugeben und mit dem Spatel verrühren.
- Das Ganze nun **14 Min./100°C/Stufe 2-3** kochen Achtung! Die Konfitüre sollte mind. 4 Min. bei 100°C kochen.
- Nach Garzeitende die Konfitüre sofort in die heiß ausgespülten Gläser geben, verschließen und abkühlen lassen.

Pro 100 g:
176 kcal · 11 g KH
1 g EW · 2 g Fett

5 GLÄSER
à 250 ml

Apfel-Marzipan-Konfitüre

Zutaten

500 g	Äpfel, entkernt, in Stücken, nicht schälen
30 g	Zitronensaft
½ TL	Lebkuchengewürz
ein paar	Tropfen Bittermandelaroma
1 P.	Vanillezucker
½ TL	Zitronenschalenabrieb
320 g	Wasser
100 g	Marzipan-Rohmasse
380 g	Gelierzucker 2:1

Tipp

Falls Sie Gelierzucker 3:1 verwenden möchten, nehmen Sie nur 280 g Gelierzucker.

Zubereitung

- Apfelstücke, Zitronensaft, Lebkuchengewürz, Bittermandelaroma, Vanillezucker und Zitronenschalenabrieb in den Mixtopf geben. **5 Sek./Stufe 5** zerkleinern.
- Wasser zugeben und **7 Min./100°C/Stufe 2** kochen.
- Marzipan in Stücken zugeben und **30 Sek./Stufe 8** pürieren.
- Gelierzucker zugeben und die Marmelade **6 Min./100°C/Stufe 1** kochen.

Hinweis: Konfitüre sollte ca. 30 Sek. sprudelnd aufkochen. Gelierprobe machen, sollte es noch nicht gelieren, die Kochzeit etwas verlängern.

Cappuccinopulver mit Schokoriegel

Zutaten

200 g	Schokoriegel (z.B. Merci, Kinderschokolade, Yogurette)
80 g	Zucker
150 g	Magermilchpulver o. Kaffeeweisser
35 g	löslicher Kaffee
¼ TL	Zimt

Zubereitung

- Schokoriegel in Stücke brechen und einfrieren (ca. 2-3 Std.).
- Zucker in den Mixtopf geben und **10 Sek./Stufe 10** pulverisieren. Umfüllen.
- Gefrorene Schokostücke **7-8 Sek./Stufe 8** zerkleinern.
- Alle restliche Zutaten zugeben und **5 Sek./Stufe 4** mischen.
- In kleine Beutel abfüllen und verschenken.

PRO TASSE 3-4 TL IN HEIẞEM WASSER AUFLÖSEN

Haltbarkeit:
Kühl und dunkel gelagert - mehrere Wochen haltbar!

Weihnachts-Kakaopulver

Zutaten

80 g	Backkakao
80 g	Zartbitterschokolade, in Stücken
80 g	brauner Rohrohrzucker
50 g	Traubenzucker
½ TL	Spekulatiusgewürz
½ TL	Lebkuchengewürz
1 TL	Zimt
1 TL	Bratapfelgewürz

Zubereitung

- Alle Zutaten in den Mixtopf geben und **12 Sek./Stufe 10** mixen.
- Pulver in kleine Beutel oder Gläser abfüllen und verschenken.

Pro Tasse 3-4 TL in heißer Milch auflösen

Haltbarkeit:
Kühl und dunkel gelagert - mehrere Wochen haltbar!

6 STÜCK

Selbstgemachte Trinkschokolade

Zutaten

250 g Vollmilch-Kuvertüre, in Stücken
250 g Zartbitter-Kuvertüre, in Stücken
40 g Sahne
1 Msp. Lebkuchengewürz
1 Msp. Zimt

etwas Goldstaub, Lebensmittelfarbe

Außerdem:

6 kleine Joghurtbecher
6 Eis-Holzstiele

Zubereitung

- Kuvertüre in den Mixtopf geben und **10-15 Sek./Stufe 8** zerkleinern.
- Sahne und Gewürze zugeben und **3-4 Min./40°C/Stufe 1** schmelzen.
- Kleine Joghurtbecher einfetten und mit Goldstaub ausstäuben. Schokoladen-Masse in die Becher einfüllen.
- Je einen Holzstiel in einen Becher stecken und mit einem Klebeband fixieren (s. Bild). Schokolade mehrere Stunden im Kühlschrank fest werden lassen. Fertige Trinkschokolade aus den Bechern lösen und als Geschenk verpacken oder selbst genießen.
- Zum Genießen: Fertige Trinkschokolade in eine Tasse stellen und mit 150 ml heißer Milch übergießen. Trinkschokolade vollständig schmelzen lassen, gut umrühren und genießen.

Tipp:
Sie können die Holzstiele mit einem lieben Weihnachtsgruß verzieren!

Haltbarkeit:
Kühl und dunkel gelagert - 4-6 Wochen haltbar!

Pro 100 ml:
323 kcal · 26 g KH
4 g EW · 16 g Fett

750 ML

Lebkuchen-Baileys

Zutaten

200 g	Zucker
1 P.	Vanillezucker
350 g	Sahne
50 g	Milch, 1,5%
1 EL	Backkakao
3	Eigelb
2 TL	Lebkuchengewürz
250 g	Korn
20 g	Rum

Zubereitung

- Zucker und Vanillezucker in den Mixtopf geben und **10 Sek./Stufe 10** pulverisieren.
- Restliche Zutaten (außer Korn & Rum) zugeben und **7 Min./80°C/Stufe 2,5** erhitzen. Korn und Rum zugeben und **10 Sek./Stufe 3** untermischen.
- Likör in eine große Flasche (750 ml) oder in mehrere kleine Flaschen abfüllen, sofort verschließen und kalt stellen.

Haltbarkeit:
Nach Anbruch sollte der Likör innerhalb von 1-2 Wochen verzehrt werden.

Im Kühlschrank aufbewahren.

750 ML

Pro 100 ml:
300 kcal · 26 g KH
3 g EW · 14 g Fett

Schokoladiger Weihnachtslikör

Zutaten

9	Schokowaffelröllchen (z.B. Amicelli)
100 g	Zartbitterschokolade
75 g	Zucker
150 g	Milch, 1,5%
200 g	Sahne
50 g	Weinbrand
1 TL	Zimt o. Lebkuchengewürz
200 g	weißer Rum

Zubereitung

- Schokowaffelröllchen halbieren und in den Mixtopf geben. Schokolade in Stücken sowie Zucker zugeben. Alles **10 Sek./Stufe 10** zerkleinern.
- Milch, Sahne, Weinbrand und Zimt zugeben und **5 Min./70°C/Stufe 3** erhitzen.
- Rum zugeben und **5 Sek./Stufe 3** untermischen.
- Entweder in 3 kleine Flaschen (à 250 ml) oder eine große (750 ml) abfüllen.

Haltbarkeit:

Nach Anbruch sollte der Likör innerhalb von 1-2 Wochen verzehrt werden.

Im Kühlschrank aufbewahren.

Variante:
Weißer Kokoslikör

Ändern Sie die Zutaten folgendermaßen ab:

9	*Kokoskugeln (z.B. Raffaelo)*
100 g	*weiße Schokolade*
50 g	*Zucker*
150 g	*Milch, 1,5%*
200 g	*Sahne*
50 g	*Weinbrand*
200 g	*weißer Rum*

Pro 100 ml: 298 kcal | 16 g KH | 3 g EW | 17 g Fett

Pro 100 ml:
394 kcal · 20 g KH
3 g EW · 25 g Fett

500 ML

Lebkuchenlikör

Zutaten

350 g	Sahne
120 g	Schnaps (Weizenkorn)
80 g	Whiskey
4 EL	Puderzucker
6 EL	Nuss-Nougat-Creme (z. B. Nutella)
2 TL	Lebkuchengewürz

Zubereitung

- Alle Zutaten in den Mixtopf geben und **1 Min./Stufe 5** verrühren.
- In Flaschen abfüllen und im Kühlschrank aufbewahren.

Haltbarkeit:
Likör innerhalb von 1-2 Wochen verzehren.

Im Kühlschrank aufbewahren.

750 ML

Pro 30 ml:
60 kcal · 6 g KH
1 g EW · 1 g Fett

Kaffee-Latte-Likör

Zutaten

150 g	Zucker
¼	Vanilleschote
4	Eigelb
50 g	frisch gebrühter Espresso
250 g	Weinbrand
250 g	Kondensmilch

Zubereitung

- Zucker und Vanilleschote in den Mixtopf geben und **10 Sek./Stufe 10** pulverisieren. **Rühraufsatz einsetzen.** Eigelb zugeben und **1 Min./Stufe 4** verrühren.
- Restliche Zutaten zugeben und **8 Min./70°C/Stufe 4** erhitzen. Likör in eine große Flasche (750 ml) oder in mehrere kleine Flaschen abfüllen, sofort verschließen und kalt stellen.

Haltbarkeit:
Nach Anbruch sollte der Likör innerhalb von 1-2 Wochen verzehrt werden.

Pro 50 ml:
149 kcal · 10 g KH
3 g EW · 10 g Fett

850 ML

Marzipan-Sahne-Likör

Zutaten

400 g	Marzipan-Rohmasse
200 g	Sahne
250 g	Milch, 1,5%

Zubereitung

- Marzipan in Stücken in den Mixtopf geben und **5 Sek./Stufe 5** zerkleinern.
- Sahne und Milch dazugeben und **7 Min./80°C/Stufe 3** erhitzen.
- Rum zugeben und **1 Min./70°C/Stufe 1** erwärmen.
- Likör durch ein feines Sieb streichen und in Flaschen abfüllen.

Hinweis: Einige Zeit vor dem Verzehr aus dem Kühlschrank nehmen.

Haltbarkeit:
Nach Anbruch sollte der Likör innerhalb von 1-2 Wochen verzehrt werden.

420 ML

Pro 20 ml:
73 kcal · 17 g KH
0 g EW · 0,5 g Fett

Schokoladiger Kaffeesirup

Zutaten

300 g	Zucker
125 g	Kaffee, frisch gebrüht
50 g	Wasser
50 g	Kakaopulver
25 g	Zartbitterschokolade
½ TL	Salz
1 TL	Vanille-Extrakt oder Mark einer Vanilleschote

Zubereitung

- Zucker im Mixtopf **10 Sek./Stufe 8** pulverisieren.
- Restliche Zutaten zugeben und **5 Min./100°C/Stufe 2** erhitzen. Sirup in eine zuvor ausgekochte Flasche füllen und sofort verschließen.

Verwendung:
Lecker zu Kaffee, Kakao oder für Dessert und Eis.

Haltbarkeit:
Der Sirup hält sich mehrere Wochen im Kühlschrank.

Pro Glas:
346 kcal · 17 g KH
6 g EW · 28 g Fett

Weißer Schokodrink

2 GLÄSER

Zutaten

200 g Milch, 1,5%
50 g Schlagsahne
30 g weiße Schokolade, in Stücken
½ Vanilleschote, Mark davon
1 TL Spekulatius-Gewürz

Zum Dekorieren:

100 g Sahne
etwas Schokosirup (o. Kaffeesirup siehe S. 52)

Zubereitung

- Alle Zutaten in den Mixtopf geben und **5 Min./80°C/Stufe 2** erhitzen.
- Schokomilch auf zwei Gläser oder Tassen aufteilen.
- Mit geschlagener Sahne und Schokosirup garniert servieren.

Tipp:
Auch mit dunkler Schokolade ein wahrer Genuss!

4 TASSEN

Pro Tasse:
139 kcal · 18 g KH
1 g EW · 0 g Fett

Maracuja-Orangenpunsch

Zutaten

300 g	Wasser
1 Beutel	Tee (indischer Chai)
1	Zimtstange
1	Apfel
1	Orange, Saft davon
300 g	Maracuja-Nektar
300 g	Weißwein, trocken*

**Wein können Sie durch hellen Traubensaft ersetzen.*

Zubereitung

- Wasser in den Mixtopf geben und **5 Min./100°C/Stufe 1** aufkochen. Teebeutel und Zimtstange hineingeben und 8 Min. ziehen lassen. Teebeutel wieder entfernen.
- Apfel schälen, entkernen und in kleine Würfel schneiden. Saft der Orange auspressen. Beides mit in den Mixtopf geben.
- Maracuja-Nektar zugeben und **8 Min./100°C/Stufe 1** aufkochen. Weißwein zugeben und noch einmal **7 Min./80°C/Stufe 1** ziehen lassen. Vor dem Genießen, die Zimtstange herausnehmen.

Pro Tasse:
386 kcal · 45 g KH
2 g EW · 12 g Fett

4
TASSEN

Apfel-Rumpunsch

Zutaten

2	Orangen
1	Limette
600 g	Apfelsaft
80 g	brauner Kandiszucker
2	Nelken
1	Zimtstange
140 g	Rum*

Für das Topping:

150 g	Sahne
etwas	Zimt

**Rum können Sie auch durch schwarzen Tee ersetzen.*

Zubereitung

- **Rühraufsatz einsetzen.** Sahne in den Mixtopf geben und auf **Stufe 3** steif schlagen. Umfüllen und kalt stellen. Mixtopf kurz mit Wasser spülen. **Rühraufsatz entfernen.**
- Orangen mit einem Messer schälen, dass keine weiße Haut mehr vorhanden ist. Halbieren und in den Mixtopf geben. Limette auspressen und Saft zugeben, **10 Sek./Stufe 8** zerkleinern.
- Apfelsaft zugießen. Nun den Gareinsatz einsetzen und Kandiszucker, Nelken und die Zimtstange hineingeben. Das Ganze **10 Min./90°C/Stufe 3** aufkochen.
- Gareinsatz herausnehmen. Rum zugießen und **5 Sek./Stufe 5** mixen.
- Punsch durch ein feines Sieb gießen und auf vier Gläser oder Tassen verteilen.
- Mit geschlagener Sahne und Zimt garniert servieren.

Winterliche Desserts zu Weihnachten

Rezeptübersicht

6 GLÄSER

Pro Glas:
379 kcal · 23 g KH
7 g EW · 29 g Fett

Baileysparfait mit Zimtsahne

Zutaten

100 g	Zucker
1	Vanilleschote
200 g	Sahne
2	Eier
4	Eigelb
1 Prise	Salz
200 g	Kaffee-Sahne-Likör (z.B. Baileys)
1 EL	dunkler Rum

Für die Zimtsahne:

200 g	Sahne
1 EL	Vanillezucker
½ TL	Zimt

ein paar Schokoraspeln, zum Bestreuen

Zubereitung

- Zucker und Vanilleschote im Mixtopf **10 Sek./Stufe 10** pulverisieren. Umfüllen. **Rühraufsatz einsetzen.** Sahne auf **Stufe 3** steif schlagen. Umfüllen und **Rühraufsatz entfernen.**
- Eier, Eigelb, pulverisierten Zucker und Salz in den Mixtopf geben und **1 Min./Stufe 4.5** cremig rühren. Baileys und Rum dazugeben und weitere **2 Min./Stufe 4.5** schaumig rühren.
- Geschlagene Sahne dazugeben und **10 Sek./Stufe 3** verrühren. Masse auf die Dessertgläser aufteilen. Parfait muss über Nacht gefrieren. Ca. 10 Min. vor dem Servieren aus dem Gefrierfach nehmen.
- Für die Zimtsahne, **Rühraufsatz einsetzen.** Sahne, Vanillezucker und Zimt auf **Stufe 3** steif schlagen. Auf die Gläser verteilen und mit Schokoraspeln bestreuen.

Tipp

Ein Rezept für selbstgemachten Baileys finden Sie auf Seite 47.

Hinweis
Am Vortag zubereiten!

Zubereitungszeit:
ca. 15 Min.

Schwierigkeitsgrad:
einfach

16 STÜCKE

Pro Stück:
306 kcal · 5 g KH
6 g EW · 23 g Fett

Bunter Eis-Stollen

Zutaten

50 g	Orangeat
50 g	Zitronat
2 EL	Rum
3 EL	Amaretto
500 g	Sahne
2	Eier
4	Eigelbe
100 g	Zucker
1 P.	Vanillezucker
2 TL	Lebkuchengewürz
50 g	Pistazien, gehackt
100 g	Mandelblättchen
30 g	Kuvertüre

Für die Verzierung:

150 g	Zartbitterkuvertüre, in Stücken
20 g	Kokosfett

Zubereitung

- Am Vortag: Orangeat, Zitronat, Rum und Amaretto in einer kleinen Schüssel vermischen und über Nacht ziehen lassen.
- Am nächsten Tag: **Rühraufsatz einsetzen** und Sahne auf **Stufe 3** steif schlagen. Umfüllen, kalt stellen. **Rühraufsatz entfernen.** Mixtopf spülen.
- Eier, Eigelbe, Zucker, Vanillezucker und Lebkuchengewürz in den Mixtopf geben und **10 Min./50°C/Stufe 4** aufschlagen. In der Zwischenzeit eine Kastenform (30 cm) leicht einölen und mit Frischhaltefolie auskleiden.
- Die Orangeat-Zitronat-Mischung sowie Pistazien und Mandelblättchen zugeben und **3 Sek./Stufe 3** untermischen. Masse in eine Schüssel umfüllen und 15 Min. abkühlen lassen.
- Nun die geschlagene Sahne unterheben. Kuvertüre in grobe Stücke schneiden und ebenfalls unterheben. Eismasse in die Kastenform geben und mind. 6 Std. gefrieren lassen.
- Aus der Form auf eine Platte stürzen und mit geschmolzener Kuvertüre überziehen. Bis zum Verzehr im Gefrierfach aufbewahren. Vor dem Servieren ggf. noch mit etwas Puderzucker bestäuben.

Für die Verzierung

Kuvertüre im Mixtopf **10 Sek./Stufe 8** zerkleinern. Kokosfett zugeben und **3 Min./50°C/Stufe 2** schmelzen.

Pro Stück:
384 kcal · 37 g KH
10 g EW · 23 g Fett

4 GLÄSER

Mandarinen-Honig-Dessert

Zutaten

1	Bio-Zitrone
1 Dose	Mandarin-Orangen (Abtr.gew. 175 g)
180 g	Magerquark
180 g	Mascarpone
50 g	Wildblütenhonig
80-90 g	Schokokekse (z.B. Oreo)

Zubereitung

- Zitrone heiß waschen, trocknen und ½ TL Schale abreiben und in den Mixtopf geben. Zitrone auspressen und 2 EL Saft in den Mixtopf geben.
- Mandarinen abtropfen lassen und den Saft auffangen.
- 1 EL Mandarinensaft, Quark, Mascarpone und 40 g Honig zugeben und **20 Sek./Stufe 4** verrühren.
- Kekse mit den Händen zerbröseln und die Hälfte davon auf 4 kleine Dessertgläser verteilen.
- 30 g Mandarinensaft und 10 g Honig in einer kleinen Tasse verrühren und Kekse damit beträufeln.
- Creme und Mandarinen in die Gläser schichten und zum Schluss mit den restlichen Keksbröseln bestreut servieren.

Tipp:
Wenn Sie das Dessert vorbereiten möchten, stellen Sie nur die Quarkcreme her und zerbröseln die Kekse. Erst ca. 1 Std. vor Verzehr in die Gläser schichten, da die Mandarinen an Flüssigkeit verlieren

6 GLÄSER

Pro Glas:
364 kcal · 30 g KH
9 g EW · 20 g Fett

Bratapfel Tiramisu

Zutaten

4 Stangen Löffelbisquits (35g)
oder andere Kekse

2 EL	Calvados (o. Apfelsaft)
200 g	Äpfel, entkernt, geschält
2 EL	brauner Zucker
100 g	Weißwein*
1 EL	Zitronensaft
3 TL	Speisestärke
1 TL	Lebkuchengewürz

Für die Creme:

150 g	Mascarpone
250 g	Quark, 40%
150 g	griech. Joghurt
20 g	Zucker
1 EL	Vanillezucker

Für die Verzierung:

etwas	Kakaopulver & Zimt zum Bestäuben
30 g	Mandelblättchen, geröstet

**alkoholfreie Variante: Apfelsaftschorle*

Zubereitung

- Löffelbisquitstangen mit dem Messer grob hacken und auf die Gläser verteilen. Mit Calvados tränken.
- Äpfel geviertelt in den Mixtopf geben und **4 Sek./Stufe 4** zerkleinern. Zucker, Wein, Zitronensaft, Stärke und Lebkuchengewürz zugeben und **7 Min./80°C/ ⟲ /Stufe 1** erhitzen. Umfüllen und etwas abkühlen lassen. Mixtopf spülen.
- Zutaten für die Creme im Mixtopf **20 Sek./Stufe 4** vermengen. Das abgekühlte Kompott auf die Löffelbisquits geben, mit Creme abschließen. Mit Zimt und Kakaopulver bestäuben, mit Mandelblättchen garnieren.

Zubereitungszeit:
25 Min.

Schwierigkeitsgrad:
einfach

6 GLÄSER

Pro Glas:
362 kcal · 51 g KH
10 g EW · 11 g Fett

Domino-Trauben-Trifle

Zutaten

Für das Kompott:

400 g rote Trauben, kernlos
100 g Rotwein*
1 TL brauner Zucker
½ TL Zimt
1 TL Speisestärke

Für die Creme:

250 g Ricotta
250 g Quark, 20%
50 g Honig
1 P. Vanillezucker

230 g Dominosteine

alkoholfreie Variante: roter Traubensaft

Zubereitung

- Trauben waschen und längs halbieren. Alle Zutaten für das Kompott in den Mixtopf geben und **8 Min./100°C/ ⟲ /Sanftrührstufe** zu einem Kompott kochen. Umfüllen und abkühlen lassen. Mixtopf muss nicht gespült werden.
- Alle Zutaten für die Creme in den Mixtopf geben und **20 Sek./Stufe 3** verrühren.
- Dominosteine in Scheiben schneiden. Die Hälfte davon auf 6 Dessertgläser verteilen. Mit dem abgekühlten Kompott bedecken.
- Creme auf das Traubenkompott füllen und den Vorgang wiederholen. Mit Traubenkompott und restlichen Dominosteinen dekorieren.

Zubereitungszeit:
ca. 10 Min.

Schwierigkeitsgrad:
einfach

Pro Stück:
419 kcal · 27 g KH
13 g EW · 28 g Fett

6 GLÄSER

Spekulatius-Trifle

Zutaten

200 g	Himbeeren, TK
1 EL	Vanillezucker
16	Spekulatius (110 g)
50 g	Zucker
1	Bio-Orange, Schalenabrieb und 2 EL Saft davon
350 g	Magerquark
350 g	Mascarpone
1 gestr. TL Zimt	

Für die Verzierung:

je 1	Himbeere, Kakaopulver und Minzblatt

Zubereitung

- Sechs Himbeeren zur Seite legen und für die spätere Dekoration auftauen lassen. Gefrorene Himbeeren mit Vanillezucker in einer Schüssel vermengen. Die Schale der Orange fein abreiben und 2 EL Saft auspressen.
- Spekulatius **4 Sek./Stufe 5** zerkleinern. Auf 6 Gläser verteilen. Himbeeren darauf geben.
- Zucker **10 Sek./Stufe 10** pulverisieren und mit dem Spatel nach unten schieben.
- Orangenschalenabrieb, Orangensaft, Quark, Mascarpone und Zimt zugeben, **30 Sek./Stufe 4** verrühren.
- Creme auf den Himbeeren verteilen und mit etwas Kakaopulver bestäuben. Desserts mit Himbeeren und Minze dekorieren.

Zubereitungszeit:
ca. 10 Min.

Schwierigkeitsgrad:
einfach

4 GLÄSER

Pro Glas:
506 kcal · 40 g KH
14 g EW · 32 g Fett

Toffifee-Cheesecake
mit Keksboden

Zutaten

75 g	dunkle Kekse (z.B. Schoko-Makronen, Double Choc Cookie Chips)
11	Toffifee, gefroren (ca. 85 g)
250 g	Quark, 40%
300 g	Doppelrahm-Frischkäse
35 g	Zucker

Für die Verzierung:
Toffifee

Zubereitung

- Kekse im Mixtopf **7 Sek./Stufe 10** mahlen und in die Gläser füllen. Leicht andrücken.
- Gefrorene Toffifee im Mixtopf **10 Sek./Stufe 10** zerkleinern. Restliche Zutaten zugeben und **10 Sek./Stufe 3** vermengen. Creme auf die Kekse verteilen und mit Toffifee garnieren.

Hinweis
Toffifee 1 Tag vorher einfrieren.

Zubereitungszeit:
ca. 5 Min.

Schwierigkeitsgrad:
einfach

Pro Stück:
502 kcal · 43 g KH
9 g EW · 32 g Fett

4 GLÄSER

Schoko-Cheesecake
mit Vanillekipferl

Zutaten

130 g	Vanillekipferl
300 g	Doppelrahm-Frischkäse
100 g	Joghurt, 3,5%
50 g	Zucker
1 P.	Vanillezucker
10 g	Backkakao
40 g	Nuss-Nougat-Creme

Für die Verzierung:
Vanillekipferl

Zubereitung

- 80 g Vanillekipferl in den Mixtopf geben und **5 Sek./Stufe 10** zerkleinern. Auf 4 Gläser verteilen und leicht andrücken.
- Für die Creme 50 g Vanillekipferl **4 Sek./Stufe 10** pulverisieren. Restliche Zutaten dazugeben und **15 Sek./Stufe 3** vermengen.
- Schokocreme auf den Kipferlboden geben, mit den restlichen Vanillekipferl dekorieren.

Zubereitungszeit:
ca. 5 Min.

Schwierigkeitsgrad:
einfach

8 GLÄSER

Pro Glas:
307 kcal · 16 g KH
5 g EW · 25 g Fett

Weiße Lebkuchencreme

Zutaten

150 g	weisse Schokolade
1	Ei
1	Eigelb
1 TL	Lebkuchengewürz
450 g	Sahne
1 Btl.	Sofortgelatine (15 g)
1 EL	Zucker
3 TL	Kirschgelee
etwas	Zimt, zum Bestäuben

Zubereitung

- Schokolade in Stücken in den Mixtopf geben und **10 Sek./Stufe 7** reiben. Umfüllen.
- Ei und Eigelb **3 Min./50°C/Stufe 3-4** aufschlagen. Schokolade und Lebkuchengewürz zugeben und **30 Sek./Stufe 3** verrühren.
  250 g Sahne und Sofortgelatine zugeben und **1 Min./Stufe 3** vermengen. Flüssigkeit auf 8 kleine Gläser verteilen und kalt stellen.
  Mixtopf spülen.
- **Rühraufsatz einsetzen.** Restliche Sahne und Zucker auf **Stufe 3** steif schlagen. **Rühraufsatz einsetzen.** Kirschgelee zugeben und auf **Stufe 3** unterrühren. Kirschsahne mithilfe eines Spritzbeutels auf die Creme spritzen und ca. 2 Std. kalt stellen. Vor dem Servieren mit etwas Zimt bestäuben.

Zubereitungszeit: ca. 10 Min.

Kühlzeit: 2 Std.

Schwierigkeitsgrad: einfach

Pro Stück:
435 kcal · 30 g KH
14 g EW · 29 g Fett

4 GLÄSER

Weihnachtliche Zimtsterncreme

Zutaten

50 g	Zimtsterne
250 g	Mascarpone
150 g	Naturjoghurt, 3,5%
250 g	Magerquark
50 g	Zucker
1 Msp.	Lebkuchengewürz
20 g	Orangensaft

Für die Verzierung:

4	Zimtsterne
etwas	Kakaopulver

Zubereitung

- Zimtsterne in den Mixtopf geben und **5 Sek./Stufe 5** zerkleinern.
- Restliche Zutaten zugeben und **20 Sek./Stufe 4** verrühren. Auf 4 kleine Gläser verteilen und mit Kakaopulver und Zimtsternen verzieren.

Zubereitungszeit:
ca. 10 Min.

Schwierigkeitsgrad:
einfach

6 GLÄSER

Pro Glas:
504 kcal · 30 g KH
7 g EW · 40 g Fett

Giotto-Nougat Pudding

Zutaten

40 g	Zucker
⅓	Vanilleschote
100 g	Giotto-Kugeln, 5 Std. vorher einfrieren
300 g	Milch, 1,5%
200 g	Sahne
50 g	Nougat, schnittfest
35 g	Speisestärke
100 g	Mascarpone

Für die Verzierung:

200 g	Sahne
6	Giotto-Kugeln

Zubereitung

- Zucker und Vanilleschote im Mixtopf **20 Sek./Stufe 10** pulverisieren. Alles mit dem Spatel nach unten schieben. Giotto-Kugeln dazugeben und **8 Sek./Stufe 10** zerkleinern.
- Milch, Sahne und Nougat in Stücken zugeben und **4 Min./100°C/Stufe 1** erhitzen. **Rühraufsatz einsetzen.** Stärke dazugeben und **5 Min./100°C/Stufe 3** aufkochen. **Rühraufsatz entfernen.**
- Pudding im Mixtopf ca. 30 Min. abkühlen lassen. (Deckel dabei abnehmen). Mascarpone zugeben und **15 Sek./Stufe 4** unterrühren. Schokopudding in die Gläser füllen, abkühlen lassen und kalt stellen. Mixtopf spülen.
- Vor dem Servieren Sahne schlagen. **Rühraufsatz einsetzen.** Sahne einfüllen und auf **Stufe 3** steif schlagen. Sahne auf den Pudding geben und eine Giotto-Kugel darauf setzen.

Hinweis

Giotto-Kugeln müssen 5 Std. vorher gefroren werden.

Zubereitungszeit: 15 Min.

Kühlzeit: 30 Min.

Schwierigkeitsgrad: einfach

6 GLÄSER

Pro Glas:
488 kcal · 47 g KH
10 g EW · 27 g Fett

Lebkuchen-Kirsch-Dessert

Zutaten

180 g	Lebkuchen (Herzen usw.)
1 Glas	Sauerkirschen (Abtr.gew. 350 g)
250 g	Mascarpone
250 g	Magerquark
200 g	Schmand
60 g	Cognac, Amaretto oder Milch
50 g	Zucker
1 TL	Zitronensaft
1 EL	Kakaopulver, zum Bestäuben

Zubereitung

- Lebkuchen im Mixtopf **10 Sek./Stufe 5** zerkleinern. Umfüllen. Kirschen gut abtropfen lassen und beiseite stellen.
- Restliche Zutaten im Mixtopf **15 Sek./Stufe 4** verrühren. Masse mit Lebkuchenbröseln und Kirschen im Wechsel in 6 Dessertgläser schichten. Mit etwas Kakaopulver bestäubt servieren.

Zubereitungszeit:
ca. 10 Min.

Schwierigkeitsgrad:
einfach

Pro Glas:
168 kcal · 22 g KH
14 g EW · 2 g Fett

4 GLÄSER

Orangen-Quark-Dessert

Zutaten

3	Orangen
250 g	Magerquark
150 g	Naturjoghurt 3,5%
50 g	Zucker
¼ TL	Zimt
1 Btl.	Sofortgelatine (15 g)

Zubereitung

- Saft von einer Orange in den Mixtopf geben. Quark, Joghurt, Zucker, Zimt und Sofortgelatine zugeben und **20 Sek./Stufe 3-4** verrühren.
- Restliche Orangen filetieren und im Wechsel mit der Creme in 4 kl. Dessertgläser füllen.
- Bis zum Servieren 2 Std. kalt stellen.

Zubereitungszeit:
ca. 5 Min.

Kühlzeit: 2 Std.

Schwierigkeitsgrad:
einfach

Weihnachts-
Kuchen,
Torten & Muffins

Rezeptübersicht

12 STÜCKE

Pro Stück:
456 kcal · 34 g KH
7 g EW · 32 g Fett

Schoko-Käsekuchen

Zutaten

200 g	Butterkekse
70 g	Butter, weich, in Stücken

Für die Füllung:

250 g	Zartbitterschokolade, in Stücken
80 g	Wisky-Sahne-Likör (altern. Sahne)
1 EL	Kakaopulver
300 g	Schmand
500 g	Frischkäse
90 g	Zucker
2	Eier

Für die Verzierung:

etwas	Puderzucker
ein Paar	Schokoraspeln

Zubereitung

- Kekse halbiert in den Mixtopf geben und **12-15 Sek./Stufe 6** zerkleinern.
- Butter zugeben und **30 Sek./Stufe 4** verrühren.
- Den Boden einer Springform (24 cm) mit Backpapier auslegen. Keksmasse daraufgeben und fest drücken. Kalt stellen.
- Schokolade in Stücken in den Mixtopf geben und **10 Sek./Stufe 8** zerkleinern. Wisky-Sahne-Likör zugeben und **2 Min./60°C/Stufe 2** schmelzen.
- Restliche Zutaten für die Füllung zugeben und **20 Sek./Stufe 4** vermengen.
- Masse in die Kuchenform geben und im vorgeheizten Backofen backen.
- Kuchen aus dem Ofen nehmen und in der Form komplett abkühlen lassen. Vor dem Servieren mit Puderzucker und Schokoraspeln verzieren.

Backtemperatur: 175°C Ober-/Unterhitze

Backzeit: 45-50 Min.

Schwierigkeitsgrad: einfach

Pro Stück:
264 kcal · 36 g KH
4 g EW · 12 g Fett

12 STÜCKE

„Dreh dich um" Weihnachtskuchen

Zutaten

50 g	Butter
100 g	brauner Zucker
300 g	Preiselbeeren, TK

Für den Teig:

150 g	Zucker
1 P.	Vanillezucker
100 g	Butter
2	Eier
150 g	Milch
1 TL	Zimt
200 g	Mehl
2 TL	Backpulver

Zubereitung

- Für den Belag Butter in den Mixtopf geben **3 Min./50°C/Stufe 2** schmelzen. Zucker zugeben und **4 Min./80°C/Stufe 3** verrühren.
- Eine Springform (Ø 26 cm) mit Backpapier auslegen und Butter-/Zuckermischung darauf geben. Sofort die tiefgekühlten Preiselbeeren darauf verteilen.
- Für den Teig Zucker, Vanillezucker, Butter und Eier **1 Min./Stufe 5** verrühren. Milch, Zimt, Mehl und Backpulver zugeben und **10 Sek./Stufe 5** unterrühren.
- Teig auf den Preiselbeeren verteilen und vorsichtig glatt streichen. Kuchen im vorgeheizten Backofen bei 180°C Ober-/Unterhitze ca. 40 Min. backen.
- Nach dem Backen in der Form ca. 20 Min. abkühlen lassen und auf eine Kuchenplatte stürzen. Vor dem Servieren ggf. mit Puderzucker bestäuben.

Backtemperatur: 180°C Ober-/Unterhitze

Backzeit: ca. 40 Min.

Kühlzeit: 20 Min.

Schwierigkeitsgrad: einfach

80 STÜCK

Pro Stück:
47 kcal · 4 g KH
0,8 g EW · 3 g Fett

Mandelwürfel

Zutaten

100 g	weiße Kuvertüre, in Stücken
200 g	Mandeln
150 g	Zucker
1 P.	Vanillezucker
4	Eier
250 g	weiche Butter
150 g	Mehl
1 TL	Backpulver

Für die Verzierung

200 g	Vollmilch-Kuvertüre, in Stücken
25 g	Kokosfett (z.B. Palmin)
50 g	gehackte Mandeln

Zubereitung

- Kuvertüre im Mixtopf **5 Sek./Stufe 7** hacken. Umfüllen. Mandeln in den Mixtopf geben und **15 Sek./Stufe 7** mahlen. Zur Schokolade umfüllen.
- Zucker im Mixtopf **10 Sek./Stufe 10** pulverisieren. Vanillezucker, Eier und Butter, in Stücken zugeben und **1 Min./Stufe 5** verrühren. Mehl, Backpulver und Schokoladen-Mandel-Gemisch zugeben und **15 Sek./Stufe 6** verrühren.
- Teig auf ein mit Backpapier belegtes Backblech streichen und im vorgeheizten Backofen bei 160°C Ober-/Unterhitze ca. 20 Min. backen.
- Für die Verzierung Kuvertüre in Stücken in den Mixtopf geben, **10 Sek./Stufe 8** zerkleinern und mit dem Spatel nach unten schieben. Kokosfett zugeben und **4 Min./37°C/Stufe 2** schmelzen.
- Den abgekühlten Boden mit der flüssigen Schokolade bestreichen und mit gehackten Mandeln bestreuen. Schokolade fest werden lassen und mit einem Messer (in heißes Wasser getaucht) in kleine Würfel schneiden.

Backtemperatur:
160°C Ober-/Unterhitze

Backzeit: 20 Min.

Schwierigkeitsgrad:
einfach

12
MUFFINS

Pro Stück:
262 kcal · 25 g KH
5 g EW · 16 g Fett

Bratapfel-Muffins

Zutaten

80 g	Mandeln
1	Apfel (170 g)
150 g	weiche Butter
2 P.	Vanillezucker
80 g	Zucker
1 gestr. TL Zimt	
2	Eier
220 g	Mehl
1 TL	Backpulver
150 g	Milch
etwas	Puderzucker zum Bestäuben

Zubereitung

- Mandeln im Mixtopf **2 Sek./Stufe 7** hacken.
- Apfel in kleine Würfel schneiden und in den Mixtopf geben. 20 g Butter dazugeben und **2 Min./50°C/Stufe 1** dünsten. Umfüllen.
- Restliche Butter, Vanillezucker, Zucker, Zimt und Eier in den Mixtopf geben, **1 Min./Stufe 5** verrühren. Restliche Zutaten (bis auf Puderzucker) dazugeben und **10 Sek./Stufe 5** vermengen.
- Die Hälfte der Bratapfelmischung zum Teig geben und **3 Sek./ ↺ /Stufe 3** unterheben.
- Teig in 12 Muffinförmchen verteilen und restliche Bratapfelmischung darauf verteilen. Im vorgeheizten Backofen bei 180°C Ober-/Unterhitze (Umluft: 160°C) ca. 30 Min. backen. Muffins auskühlen lassen und mit Puderzucker bestäuben.

Backtemperatur: 180°C Ober-/Unterhitze

Backzeit: 30 Min.

Schwierigkeitsgrad: einfach

Pro Stück:
268 kcal · 48 g KH
5 g EW · 6 g Fett

12 MUFFINS

Domino-Muffins

Zutaten

170 g	Buttermilch
30 g	Öl
2	Eier
250 g	Zucker
1 P.	Vanillezucker
1 Prise	Salz
270 g	Mehl
40 g	Backkakao
2 gestr. TL	Backpulver
40 g	Milch, 1,5%
12	Dominosteine

Zubereitung

- Backofen auf 180°C Ober-/Unterhitze vorheizen.
- Buttermilch, Öl, Eier, Zucker, Vanillezucker und Salz im Mixtopf **1 Min./Stufe 5** mixen. Mehl, Kakao, Backpulver und Milch zugeben und **20 Sek./Stufe 4** unterrühren.
- Ein Muffinblech mit Förmchen auslegen und die Hälfte des Teigs einfüllen. Dann je 1 Dominostein hineingeben. Mit restlichem Teig bedecken und im vorgeheizten Backofen 25-30 Min. backen.

Backtemperatur: 180°C Ober-/Unterhitze

Backzeit: 25-30 Min.

Schwierigkeitsgrad: einfach

12 STÜCKE

Pro Stück:
372 kcal · 26 g KH
9 g EW · 26 g Fett

Zimtstern-Torte

mit Mandelbiskuit

Zutaten

5	Eier
150 g	Zucker
1 Prise	Salz
150 g	Mandeln, gem.
50 g	Speisestärke
1 TL	Zimt
1 TL	Backpulver

Für die Creme:

400 g	Sahne
2 P.	Sahnesteif
75 g	Zucker
400 g	Schmand
1 TL	Zimt
1 Btl.	Sofortgelatine (15 g)
12	Zimtsterne zur Dekoration

Zubereitung

- **Rühraufsatz einsetzen** und Eier, Zucker und Salz im Mixtopf **10 Min./50°C/Stufe 4** aufschlagen. **Rühraufsatz entfernen.**
- Gemahlene Mandeln, Speisestärke, Zimt und Backpulver zugeben und **5 Sek./Stufe 3** unterheben.
- Teig in eine mit Backpapier ausgelegte Springform (Ø 26 cm) geben und im vorgeheizten Backofen bei 180°C Ober-/Unterhitze ca. 25 Min. backen. Mixtopf spülen.
- Kuchen abkühlen lassen und waagerecht einmal durchschneiden.
- Für die Creme **Rühraufsatz einsetzen** und Sahne, Sahnesteif und Zucker auf **Stufe 3** steif schlagen. **Rühraufsatz entfernen.** Schmand, Zimt und Gelatine zugeben und **20 Sek./Stufe 3-4** vermengen. Creme umfüllen und ca. 10 Min. in den Kühlschrank stellen.
- Die Hälfte der Creme auf einen Kuchenboden geben und mit dem zweiten abdecken. Mit restlicher Creme bestreichen und mit Zimtsternen verzieren.

Backtemperatur: 180°C Ober-/Unterhitze

Backzeit: ca. 30 Min.

Kühlzeit: ca. 2 Std.

Schwierigkeitsgrad: aufwendig

24 STÜCKE

Pro Stück:
418 kcal · 33 g KH
5 g EW · 30 g Fett

Schokoladenbrot

Zutaten

250 g	Mandeln
250 g	Blockschokolade, in Stücken
250 g	weiche Butter, in Stücken
250 g	Zucker
6	Eier
100 g	Mehl

Für den Guss:

200 g	Kuvertüre, in Stücken
1 EL	Kokosfett
24	Mandeln, ohne Haut

Zubereitung

- Mandeln im Mixtopf **10 Sek./Stufe 7** zerkleinern. Umfüllen. Schokolade im Mixtopf **10 Sek./Stufe 8** zerkleinern. Zu den Mandeln umfüllen.
- Butter, Zucker, Eier und Mehl in den Mixtopf geben und **1 Min./Teigstufe** kneten. Ggf. Spatel zur Hilfe nehmen.
- Mandeln und Schokolade zugeben und **20 Sek./Teigstufe** unterrühren.
- Teig auf ein mit Backpapier belegtes Backblech streichen und bei 180°C Ober-/Unterhitze ca. 30 Min. backen und erkalten lassen.
- Für den Guss Kuvertüre in Stücken im Mixtopf **10 Sek./Stufe 7** zerkleinern. Kokosfett zugeben und **5 Min./50°C/Stufe 2** schmelzen.
- Mit dem Schokoladenguss überziehen, in kleine Quadrate schneiden und mit je einer Mandel verzieren.

Backtemperatur: 180°C Ober-/Unterhitze

Backzeit: 30 Min.

Schwierigkeitsgrad: einfach

Pro Stück:
268 kcal · 12 g KH
3 g EW · 36 g Fett

24 STÜCKE

Glühweinschnitten

Zutaten

250 g	Schmand
200 g	Zucker
1 TL	Zimt
3	Eier
230 g	Mehl
1 P.	Backpulver

Für die Creme:

400 g	Sahne
2 P.	Sahnesteif
50 g	Zucker
200 g	Schmand

Für den Guss:

3 P.	klarer Tortenguss
500 g	Glühwein*
50 g	Zucker
400 g	Wildpreiselbeeren (aus dem Glas)

**alternativ Kinderpunsch*

Zubereitung

- Backofen auf 180°C Ober-/Unterhitze vorheizen.
- Schmand, Zucker, Zimt und Eier in den Mixtopf geben und **1 Min./Stufe 5** verrühren. Mehl und Backpulver zugeben und **20 Sek./Stufe 5** vermengen.
- Teig auf ein mit Backpapier belegtes Backblech streichen und ca. 15-20 Min. backen. Kuchen ca. 30 Min. abkühlen lassen. In der Zwischenzeit Mixtopf spülen.
- **Rühraufsatz einsetzen.** Sahne und Sahnesteif in den Mixtopf geben und auf **Stufe 3** steif schlagen. Zucker und Schmand zugeben und so lange auf **Stufe 3** verrühren, bis sich alles gut vermengt hat. Schmandmasse auf dem Kuchenboden verstreichen. **Rühraufsatz entfernen.** Mixtopf spülen.
- Tortengusspulver, Glühwein und Zucker in den Mixtopf geben und **5 Min./100°C/Stufe 3** aufkochen. Preiselbeeren zugeben und **3 Sek./Stufe 3** untermischen. Masse etwas abkühlen lassen und vorsichtig auf dem Kuchen verteilen. Ca. 2 Std. kalt stellen.

Backtemperatur: 180°C Ober-/Unterhitze

Backzeit: 15-20 Min.

Kühlzeit: 2,5 Std.

Schwierigkeitsgrad: einfach

12 CUPCAKES

Pro Cupcake:
479 kcal · 35 g KH
5 g EW · 36 g Fett

Rote Zipfelmützen

Zutaten

125 g	Butter
100 g	Zucker
2	Eier
100 g	Kokosmilch (Kokosdrink)
150 g	Mehl
2 TL	Backpulver

Für die Kokosschicht:

100 g	weiße Kuvertüre
25 g	Kokosfett (z.B. Palmin)
100 g	Kokosraspeln

Für die Creme:

120 g	weiße Kuvertüre
20 g	Sahne
140 g	Doppelrahmfrischkäse
80 g	Puderzucker
80 g	Butter, weich
etwas	rote Lebensmittelfarbe (z.B. Gelfarben Fa. Wilton)

Tipp

Den Bommel können Sie aus weißem Fondant formen.

Zubereitung

- Backofen auf 180°C Ober-/Unterhitze vorheizen.
- Butter, Zucker und Eier in den Mixtopf geben und **30 Sek./Stufe 5** rühren. Restliche Zutaten für den Teig zugeben und **20 Sek./Stufe 5** verrühren.
- In jede Mulde eines 12er-Muffinbleches ein Papierförmchen setzen und zur Hälfte mit Teig befüllen. Im vorgeheizten Backofen ca. 25 Min. backen. Abkühlen lassen. Mixtopf spülen.
- Für die Kokosschicht weiße Kuvertüre in Stücken im Mixtopf **10 Sek./Stufe 8** zerkleinern. Kokosfett zugeben und **3 Min./50°C/Stufe 2** schmelzen. Kokosraspeln in eine kleine Schüssel füllen.
- Die abgekühlten Muffins auf der Oberseite dick mit Schokolade bestreichen und in die Kokosraspel drücken. Mixtopf spülen.
- Für die rote Creme Kuvertüre in Stücken in den Mixtopf geben und **10 Sek./Stufe 8** hacken. Sahne zugeben und **2 Min./50°C/Stufe 2** schmelzen. Restliche Zutaten für die Creme zugeben und **20 Sek./Stufe 5** vermengen. Ggf. Reste mit dem Spatel nach unten schieben und erneut auf **Stufe 5** verrühren.
- Creme mithilfe eines Spritzbeutels mit Sterntülle auf die Muffins spritzen. Bis zum Servieren kalt stellen.

Backtemperatur:
180°C Ober-/Unterhitze

Backzeit: 25 Min.

Schwierigkeitsgrad:
mittel

24
STÜCKE

Pro Stück:
223 kcal · 19 g KH
3 g EW · 15 g Fett

Haselnuss-Zimtschnitten

Zutaten

100 g	Haselnusskerne
250 g	Schmand
200 g	Zucker
3	Eier
1 P.	Backpulver
130 g	Mehl

Für den Belag:

150 g	Sauerkirsch-Konfitüre
500 g	Sahne
3 P.	Sahnesteif
150 g	stichfester Schmand
2 TL	Zimt
2 TL	Zucker

Zubereitung

- Backofen auf 180°C Ober-/Unterhitze vorheizen. Haselnüsse in den Mixtopf geben und **6 Sek./Stufe 8** mahlen. Umfüllen. Schmand, Zucker und Eier **1 Min./Stufe 5** vermengen. Haselnüsse, Mehl und Backpulver zugeben und **20 Sek./Stufe 5** unterrühren.
- Teig auf ein mit Backpapier belegtes Backblech geben und glatt streichen. Im vorgeheizten Backofen ca. 18-20 Min. backen. Mixtopf spülen. Kuchen noch warm mit der Sauerkirsch-Konfitüre bestreichen und abkühlen lassen.
- Sahne und Sahnesteif in den kalten Mixtopf geben und **ca. 10-20 Sek./Stufe 10 (OHNE Rühraufsatz!)** steif schlagen. Sobald das Messer ins Leere läuft, ist die Sahne steif. Schmand zugeben und **10 Sek./Stufe 3.5** verrühren.
- Kuchen mit Schmand-Sahne bestreichen. Zimt und Zucker in einer Tase vermischen und den Kuchen damit bestäuben.

Backtemperatur:
180°C Ober-/Unterhitze

Backzeit: ca. 18-20 Min.

Schwierigkeitsgrad:
einfach

12
STÜCKE

Pro Stück:
231 kcal · 25 g KH
4 g EW · 13 g Fett

Bratapfelkuchen

Zutaten

30 g	Mandeln
50 g	Marzipan-Rohmasse
130 g	Margarine
1 Prise	Salz
1 P.	Vanillezucker
75 g	Zucker
2	Eier
150 g	Mehl
½ P.	Backpulver
35 g	Milch, 1,5%

Außerdem:

3	Äpfel
3	Dominosteine
etwas	Puderzucker zum Bestäuben

Zubereitung

- Mandeln im Mixtopf **8 Sek./Stufe 7** mahlen.
- Restliche Zutaten für den Teig zugeben und **1 Min./Stufe 5** verrühren.
- Eine Kastenform (30 cm lang) einfetten, mit Mehl ausstreuen und Teig einfüllen.
- Von den Äpfeln den "Deckel" abschneiden. Äpfel jeweils schälen und das Kernhaus ausstechen.
- Dominosteine in Stücke schneiden und die Äpfel damit füllen. "Deckel" wieder darauf setzen und die Äpfel in den Teig eindrücken.
- Im vorgeheizten Backofen bei 175°C Ober-/Unterhitze ca. 40 Min. backen. Vor dem Servieren mit Puderzucker bestäuben.

Backtemperatur: 175°C Ober-/Unterhitze

Backzeit: ca. 40 Min.

Schwierigkeitsgrad: einfach

12
STÜCKE

Pro Stück:
320 kcal · 47 g KH
6 g EW · 12 g Fett

Schwarzwälder Weihnachtstorte

Zutaten

140 g Zucker
4 Eier
140 g Mehl
1 EL Backkakao
1 TL Backpulver

Für den Belag:

1 Glas Kirschen (Abtr.gew. 350 g)
1 Zimtstange
2 Sternanis
3 Gewürznelken
1 P. Vanillepuddingpulver
2 EL Rum*
400 g Sahne
2 P. Vanillezucker
2 P. Sahnesteif
200 g Marzipan-Rohmasse, in Stücken
2 EL Cappuccinopulver
1 TL Kakaopulver
ein paar Zuckerperlen

**alternativ Wasser + Rumaroma*

Tipp

Die Torte schmeckt am besten, wenn sie über Nacht im Kühlschrank durchgezogen ist.

Zubereitung

- Backofen auf 170°C Ober-/Unterhitze vorheizen.
- **Rühraufsatz einsetzen.** Zucker und Eier im Mixtopf **15 Min./50°C/Stufe 4** zu einer hellen Creme schlagen. Mehl, Kakao und Backpulver zugeben und **5 Sek./Stufe 3** unterheben. **Rühraufsatz entfernen.**
- Eine Springform mit Backpapier auslegen, Teig einfüllen und im vorgeheizten Backofen ca. 15-20 Min. backen.
- Kirschen absieben und dabei den Saft auffangen. Saft zusammen mit der Zimtstange, Sternanis und Gewürznelken in einem kleinen Topf kurz aufkochen und 1-2 Std. durchziehen lassen.
- Gewürze aus dem Kirschsaft nehmen, Waage aktivieren und Saft in den Mixtopf füllen. Mit soviel Wasser auffüllen, dass insgesamt 400 g Flüssigkeit im Mixtopf sind. Vanillepuddingpulver zugeben und **6 Min./90°C/Stufe 3** aufkochen.
- Kirschen und Rum zugeben und **10 Sek./ ↺ /Stufe 1** vermengen. Umfüllen und abkühlen lassen. Mixtopf spülen. (Achtung, Mixtopf sollte kalt sein!)
- **Rühraufsatz einsetzen.** Sahne, Vanillezucker und Sahnesteif auf **Stufe 3** steif schlagen. **Rühraufsatz entfernen.**
- Um den Tortenboden einen Tortenring stellen, die kalte Kirschmasse und dann die geschlagene Vanillesahne darauf verteilen. Mixtopf spülen.
- 150 g Marzipan mit Cappuccinopulver und 1 TL Kakao im Mixtopf **1 Min./Teigstufe** verkneten. Marzipan zwischen zwei Lagen Frischhaltefolie auf den Durchmesser der Torte rund ausrollen und auf die Torte legen. Nun mit Kakao bestäuben.
- Restliches Marzipan ebenfalls ausrollen und kleine Sterne ausstechen. Torte mit Marzipan-Sternen und Zuckerperlen verzieren.

Backtemperatur: 170°C Ober-/Unterhitze

Backzeit: 15-20 Min.

Ziehzeit: 1-2 Std.

Schwierigkeitsgrad: aufwendig

12
STÜCKE

Pro Stück:
443 kcal · 38 g KH
13 g EW · 27 g Fett

Spekulatius-Käsesahne-Torte

Zutaten

50 g	Spekulatiuskekse
4	Eier
140 g	Zucker
140 g	Mehl
1 TL	Backpulver (leicht gehäuft)

Für die Füllung:

6 Blatt	Gelatine
600 g	Sahne
2 P.	Vanillezucker
500 g	Magerquark
50 g	Zucker
80 g	Orangensaft

1 kl. Dose Mandarinen (175 g)

Für den Belag:

200 g	Sahne
1 P.	Sahnesteif
1 EL	Zucker
50 g	Haselnusskrokant
50 g	Mandelblättchen

Zubereitung

- Spekulatiuskekse in den Mixtopf geben und **7 Sek./Stufe 5** zerbröseln. Umfüllen.
- **Rühraufsatz einsetzen.** Eier und Zucker in den Mixtopf geben und **8 Min./40°C/Stufe 4 (TM31: 50°C)** aufschlagen. Mehl, Backpulver und Spekulatiusbrösel zugeben und **4 Sek./Stufe 3** unterheben.
- Biskuitteig in eine mit Backpapier ausgelegte Springform (Ø 26 cm) geben und im vorgeheizten Backofen bei 200°C Ober-/Unterhitze ca. 10 Min. backen. Mixtopf spülen.
- Bei leicht geöffneter Ofentüre abkühlen lassen. Danach Boden waagerecht halbieren. Gelatine einweichen.
- Für die Füllung kalte Sahne und Vanillezucker **ohne Rühraufsatz** im Mixtopf **15 Sek./Stufe 10** steif schlagen. Quark und Zucker zugeben und **15 Sek./Stufe 4,5** vermengen. Masse in eine große Schüssel umfüllen.
- Orangensaft und ausgedrückte Gelatine in den Mixtopf geben und **2 Min./80°C/Stufe 2** auflösen. Nun 100 g Quarkmasse aus der Schüssel in den Mixtopf geben und **10 Sek./Stufe 3** mit der Gelatinemischung vermengen. Alles zurück in die Schüssel geben und mit Hilfe eines Löffels gut durchrühren. Mandarinen abtropfen lassen und vorsichtig unterheben.
- Um den Boden einen Tortenring stellen und Mandarinen-Quark-Masse darauf verteilen. Mit dem 2. Boden abdecken. Für mind. 3 Std. in den Kühlschrank stellen (oder auch über Nacht). Mixtopf spülen.
- Für den Belag **Rühraufsatz einsetzen** Sahne mit Sahnesteif und Zucker auf **Stufe 3** unter Sichtkontakt steif schlagen. Sahne auf die Torte streichen.
- Mandelblättchen in einer Pfanne ohne Fett rösten und abkühlen lassen. Torte mit Haselnusskrokant und gerösteten Mandelblättchen verzieren.

Backtemperatur:
200°C Ober-/Unterhitze

Backzeit: 10 Min.

Kühlzeit: mind. 3 Std.

Schwierigkeitsgrad:
aufwendig

12 STÜCK

Pro Cupcake:
366 kcal · 24 g KH
5 g EW · 28 g Fett

Haselnuss-Cupcakes
mit Zimtsahne

Zutaten

100 g	Haselnusskerne, ganz
200 g	Naturjoghurt, 3,5%
2	Eier
100 g	Zucker
1 P.	Vanillezucker
125 g	weiche Butter
160 g	Mehl
2 TL	Backpulver

Für das Topping:

500 g	Sahne
2 P.	Sahnesteif
1 TL	Zimt

Zubereitung

- Backofen auf 180°C Ober-/Unterhitze vorheizen.
- Alle Teigzutaten (außer Mehl & Backpulver) in den Mixtopf geben und **30 Sek./Stufe 6** mixen. Mehl und Backpulver zugeben und **20 Sek./Stufe 5** unterrühren.
- Muffinblech mit Förmchen auslegen und den Teig einfüllen. Im vorgeheizten Backofen ca. 25 Min. backen. Danach abkühlen lassen. Mixtopf spülen.
- Kalte Sahne mit Sahnesteif und Zimt in den Mixtopf geben. **Rühraufsatz NICHT! einsetzen.** Sahne auf **Stufe 10** steif schlagen. Sobald das Messer ins Leere läuft, ist die Sahne steif.
- Sahne mithilfe eines Spritzbeutels auf die abgekühlten Muffins spritzen und servieren.

Tipp

Als Deko können Sie auch einen Zimtstern oben auf die Creme setzen.

Backtemperatur: 180°C Ober-/Unterhitze

Backzeit: ca. 25 Min.

Schwierigkeitsgrad: einfach

24 STÜCK

Pro Stück:
179 kcal · 22 g KH
4 g EW · 8 g Fett

Pasteis de Nata

Zutaten

2 Rollen Blätterteig (à 270 g)

Für die Creme:

500 g	Milch, 1,5%
1 TL	Butter (5 g)
35 g	Mehl
275 g	Zucker
1 P.	Vanillezucker
1 Prise	Salz
1	Ei
5	Eigelbe
etwas	Zimt

Zubereitung

- Backofen auf 225°C Ober-/Unterhitze vorheizen.
- Für die Creme Milch und Butter in den Mixtopf geben und **6-7 Min./90°C/Stufe 3** aufkochen, bis die Milch etwas hochsteigt.
- Mehl, Zucker, Vanillezucker und Salz in einer Schüssel vermengen. In den Mixtopf zugeben und **2 Min./90°C/Stufe 3** erhitzen.
- Dann Ei und Eigelbe zugeben und **10 Sek./Stufe 4** vermengen. Nun **4-5 Min./90°C/Stufe 3** verrühren bis die Masse andickt.
- Jede Blätterteigrolle in 12 Quadrate schneiden und 2 Muffinbleche (oder nacheinander) damit auskleiden. In die 24 Mulden nun etwa je 2 EL der Creme einfüllen.
- Im vorgeheizten Backofen bei 225°C Ober-/Unterhitze ca. 13 Min. backen.
- Die fertigen Pasteis können Sie je nach Geschmack mit etwas Zimt bestreuen oder als Dessert mit Schokosoße

Backtemperatur:
225°C Ober-/Unterhitze

Backzeit: ca. 13 Min.

Schwierigkeitsgrad:
einfach

12 STÜCKE

Pro Stück:
362 kcal · 44 g KH
12 g EW · 16 g Fett

Kirsch-Quark-Kuchen

Zutaten

230 g	Mehl
100 g	Margarine
75 g	Zucker
1	Ei
1½ TL	Backpulver

Für den Belag:

75 g	Mandeln
500 g	Quark, 20% Fett
etwas	Zitronenaroma
4	Eier
175 g	Zucker
1 P.	Vanillepudding
150 g	Saure Sahne
1 TL	Zimt
1 Msp.	Nelken
1 Msp.	Muskat
1 Glas	Kirschen, ohne Saft (Abtr.gew. 350 g)

Zubereitung

- Backofen auf 180°C Ober-/Unterhitze vorheizen.
- Alle Zutaten für den Teig in den Mixtopf geben und **1 Min./Teigstufe** kneten.
- Teig in eine gefettete Springform geben und einen Rand hochstehen lassen.
- Mandeln in den Mixtopf geben und **10 Sek./Stufe 8** fein mahlen.
- Restliche Zutaten für den Belag (außer Kirschen) hinzugeben und **20 Sek./Stufe 4** verrühren.
- Masse auf den Teig in die Springform geben. Nun die Kirschen darauflegen und im vorgeheizten Backofen backen.

Tipp

Den Kuchen am besten einen Tag im Kühlschrank durchziehen lassen.

Backtemperatur:
180°C Ober-/Unterhitze

Backzeit: 40-50 Min.

Schwierigkeitsgrad:
einfach

12 STÜCKE

Pro Stück:
443 kcal · 38 g KH
13 g EW · 27 g Fett

Sternentraumtorte

Zutaten

4	Eier
100 g	Zucker
1 P.	Mohnback (backfertige Mohnfüllung)
75 g	Speisestärke
80 g	Mehl
2 TL	Backpulver
600 g	Sahne
2 P.	Sofortgelatine (je 15 g)
200 g	Himbeermarmelade

Für die Verzierung:

1	fertige Marzipandecke
etwas	Kakao zum Bestäuben

Zubereitung

- **Rühraufsatz einsetzen.** Eier und Zucker im Mixtopf **10 Min./40°C/Stufe 4** cremig rühren. Mohnback zugeben und **10 Sek./Stufe 3** vermischen. Speisestärke, Mehl und Backpulver dazu und **15 Sek./Stufe 3** verrühren. **Rühraufsatz entfernen.**
- Eine Springform mit Backpapier auskleiden, Teig einfüllen und glatt streichen. Im vorgeheizten Backofen 160°C Ober-/Unterhitze ca. 30 Min. backen.
- Mixtopf spülen. **Rühraufsatz einsetzen.** 400 g Sahne auf **Stufe 3** unter Sichtkontakt steif schlagen, dabei die Sofortgelatine einrieseln lassen.
- Kuchen nach dem Backen abkühlen lassen und waagerecht durchschneiden. Den unteren Boden zuerst mit Marmelade und dann mit Sahne bestreichen. Oberen Boden auflegen und leicht andrücken.
- **Rühraufsatz einsetzen** und restliche 200 g Sahne auf **Stufe 3** unter Sichtkontakt steif schlagen. Auf die Torte geben und glatt streichen. Für ca. 2 Std. in den Kühlschrank stellen.
- Marzipandecke auf die Torte legen und leicht andrücken. Überschüssiges Marzipan abschneiden und daraus kleine Sterne ausstechen. Einen großen Stern auf ein Blatt Papier aufzeichnen, ausschneiden und in die Mitte der Torte legen. Kuchen nun mit Kakao bestäuben, Papierstern abziehen und mit den kleinen Marzipansternen verzieren.

Backtemperatur:
160°C Ober-/Unterhitze

Backzeit: ca. 30 Min.

Kühlzeit: ca. 2 Std.

Schwierigkeitsgrad:
aufwendig

Rezepte von A bis Z

A

B

C D F

G H

K

L

M

N

O P R

S

T

W Z

Impressum

© C. T. Wild Verlag & Handel GmbH
Saueracker 7, D-93309 Kelheim
Tel. 09441 703772-0
Email: info@mixgenuss.de
www.mixgenuss.de

1. Auflage - Oktober 2017
ISBN-Nr.: 978-3-96181-006-2

Autorin: Corinna Wild
Gestaltung & Layout: Eva Gruber

Rezeptfotos: © Corinna Wild
Fotos von fotolia.com: © d3images,
© Bauer Alex, © Magdalena Kucova,
© tashka2000

Druck & Bindung:
bonitasprint GmbH, 92224 Amberg

klimaneutral
natureOffice.com | DE-204-831368
gedruckt

Weitere Bücher von MixGenuss

Auch interessant:

Weitere MixGenuss Bücher, Rezepthefte und Kalender für den Thermomix finden Sie in unserem Onlineshop **www.mixgenuss.de**

- Platz für eigene Eintragungen -

Notizen: